中等职业教育财经商贸类系列教材
会计专业校企合作创新成果

会计基本技能

KUAIJI JIBEN JINENG

主　编◎张成武

副主编◎郑云霞　叶玉娇　唐海涛

参　编◎王支宝　杨　洋

北京师范大学出版集团
BEIJING NORMAL UNIVERSITY PUBLISHING GROUP
北京师范大学出版社

图书在版编目（CIP）数据

会计基本技能／张成武主编．—北京：北京师范大学出版社，
2021.4

ISBN 978-7-303-26402-5

Ⅰ．①会… Ⅱ．①张… Ⅲ．①会计学－中等专业学校－
教材 Ⅳ．① F230

中国版本图书馆 CIP 数据核字（2020）第 199798 号

营 销 中 心 电 话　　010-58802775　58801876
北师大出版社职业教育分社网　http：//zjfs.bnup.com
电 子 信 箱　　zhijiao@bnupg.com

出版发行：北京师范大学出版社　www.bnup.com
　　　　　北京市西城区新街口外大街 12-3 号
　　　　　邮政编码：100088
印　　刷：三河市兴达印务有限公司
经　　销：全国新华书店
开　　本：184 mm×260 mm　1/16
印　　张：11.25
字　　数：240 千字
版　　次：2021 年 4 月第 1 版
印　　次：2021 年 4 月第 1 次印刷
定　　价：32.00 元

策划编辑：鲁晓双　　　　　　　责任编辑：薛　萌
美术编辑：焦　丽　　　　　　　装帧设计：焦　丽
责任校对：郑淑莉　　　　　　　责任印制：陈　涛

版权所有　侵权必究

前　言

中等职业学校会计专业是培养与我国社会主义市场经济建设要求相适应，德、智、体、美、劳全面发展，具有积极的人生态度和诚信、敬业的良好职业素质，熟悉国家经济法律法规，面向中小型企事业单位，从事收银、会计、出纳与会计服务等工作的，熟练掌握会计电算化的技术技能型人才。

为了提高"会计基本技能"课程教学的实用性和可操作性，我们希望学生不但要掌握一定的专业基本知识，而且要掌握会计工作现场需要的各项基本技能。因此，本着"必须、够用"的原则，我们按照教育部颁发的《中等职业学校专业教学标准》编写的统一要求，编写了这本《会计基本技能》。

本书编写时注重突出以下特色：

1. 本教材以新修订的《企业会计准则》及相关细则为依据，参考会计人员从业素质基本要求，充分体现国家财经政策、法规的改革内容，注意反映会计工作实践中出现的新情况和新问题。

2. 本教材以项目任务为导向，注重对知识应用能力和实践操作能力的培养，让学生"练中学""学中练"。教材编写力求通俗易懂、简单实用、突出操作、强化技能。

3. 教材配套微课视频，每个项目任务后配有练习题，便于帮助学生巩固所学知识、及时检查自身的学习情况。

本教材由安徽科技贸易学校张成武担任主编，烟台工贸技师学院郑云霞、合肥理工学校叶玉娇、安徽合肥机电技师学院唐海涛担任副主编，安徽科技贸易学校王支宝、杨洋参与教材编写。本教材在编写过程中得到了马鞍山智信财务咨询有限公司、蚌埠市天源财务会计服务有限公司的大力支持，在此一并致谢！

由于编者的水平和经验有限，加之时间仓促，书中可能存在不足之处，敬请读者批评指正。

编　者

目　录

项目一　规范财经数字书写

认知目标

1. 掌握阿拉伯数字书写常识。
2. 知悉汉字大写数字书写规则。

技能目标

1. 能够掌握阿拉伯数字的规范写法。
2. 能够准确无误地写出汉字大写数字。

素养目标

1. 具备一定财经工作意识。
2. 养成良好的书写习惯。

任务一　掌握阿拉伯数字书写规范

任务描述

财会工作中常用的数字有两种：一种是阿拉伯数字；一种是汉字大写数字。阿拉伯数字一般用于凭证、账簿、报表的书写。

任务分解

```
                                         ┌─ 知悉书写与数位相结合原理
                                         │
                          认识阿拉伯数字书写规范 ─┼─ 采用三位分节制
                          │              │
                          │              ├─ 使用人民币符号"￥"
                          │              │
掌握阿拉伯数字书写规范 ─────┤              └─ 掌握金额角、分写法
                          │
                          │              ┌─ 掌握阿拉伯数字手写体标准写法
                          掌握财经账表凭证书写要求 ┤
                                         └─ 知晓财经数字书写习惯
```

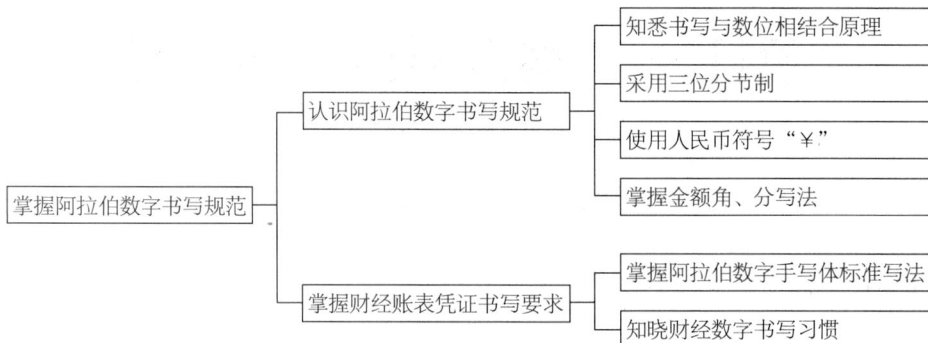

活动一　认识阿拉伯数字书写规范

一、知悉书写与数位相结合原理

阿拉伯数字为 0，1，2，3，4，5，6，7，8，9，是世界各国通用的数字。写阿拉伯数字时，每个数字都要占据一个位置，每个位置表示各种不同的单位。数字所在位置表示的单位，称为"数位"。数位按照个、十、百、千、万的顺序，由小到大、从右向左排列，但写数和读数的习惯顺序，却是由大到小、从左向右。我国的数位排列如表 1-1 所示。

表 1-1

数位	万万万位	千万万位	百万万位	十万万位	万万位	千万位	百万位	十万位	万位	千位	百位	十位	个位	十分位	百分位	千分位	万分位	十万分位	百万分位
读法	兆	千亿	百亿	十亿	亿	千万	百万	十万	万	千	百	十	个	分	厘	毫	兰	忽	微

阿拉伯数字在书写时，是与数位结合在一起的。书写的顺序是由高位到低位，从左到右依次写出各位数字。

例如：壹佰贰拾叁应写为 123。

如果某一个数位没有量，就写一个"0"来表示；如果是整数，则比它小的数位均需用"0"表示出来。

例如：陆仟贰佰零叁应写为 6 203，贰万应写为 20 000。

二、采用三位分节制

使用分节号能够较容易地辨认数的数位，有利于数字的书写、阅读和计算工作。

数的整数部分，采用国际通用的"三位分节制"，从个位向左每三位数用分节号","分开。

例如：

千百　十
万万　万万千　百十个
位位　位位位　位位位
９２，０８０，０００

带小数的数，应将小数点记在个位与十分位之间的下方。

例如：

　　　　十百
千　百十个　分分
位　位位位　位位
６，０８７．６５

一般账表凭证的金额栏印有分位格，元位前每三位印一组线代表分节号，元位与角位之间的粗线则代表小数点，记数时不要再另加分节号或小数点。

三、使用人民币符号"￥"

在填制凭证时，小写金额前一般均冠以人民币符号"￥"，"￥"是拼音文字"YUAN"（元）的缩写，"￥"既代表了人民币的币制，又表示了人民币"元"的单位。所以小写金额前填写"￥"以后，数字之后就不要再写"元"了。

例如：￥8 300.06，即为人民币捌仟叁佰元零陆分，书写时在"￥"与数字之间，不能留有空位，以防止金额数字被涂改。

书写人民币符号"￥"，尤其是草写"￥"时，要注意与阿拉伯数字有明显的区别，不要写成像阿拉伯数字的7或9一样。

在登记账簿、编制报表时，不能使用"￥"符号，因为账簿、报表上不存在金额数字被涂改而造成损失的情况。在账页或报表上如果使用"￥"反而会增加错误的可能性。

四、掌握金额角、分写法

在无金额分位格的凭证上，所有以元为单位的阿拉伯数字，除表示单价等情况外，一律写到角分，无角分的，角位和分位可写"00"或符号"－"，有角无分的，分位应写"0"，不能用符号"-"代替。例如：人民币柒拾伍元整，可以写成"￥75.00"，也可以写成"￥75.-"；人民币柒拾捌元玖角整，应写成"￥78.90"，不能写成"￥78.9"。

活动二　掌握财经账表凭证书写要求

在有金额分位格的账表凭证上，主要是在账簿上，阿拉伯数字的书写结合记账规则需要有特定的要求。

一、掌握阿拉伯数字手写体标准写法

数字书写要掌握正确的笔顺、一定的书写体和字间距。按国际标准数字书写要求，最后所写的 0~9 十个数字都略向右倾斜，与横格底线倾斜角为 60°~75°，字长约为 5mm、宽约为 3mm。标准的手写体如下：

阿拉伯数字手写体标准写法

对阿拉伯数字书写的基本要求是流利、整齐、清楚、规范、正确。在书写时不能出现不平稳、跳跃式的动作，手必须平行移动，动作连贯，写一个数字时不能时停时动。写的数字要大小均匀，高低一致，数字之间不能连笔，要清晰可见。

（一）书写握笔

握笔姿势正确与否直接影响到数字书写的速度，如果握笔姿势不正确，数字写不快，一旦加快速度，往往数字写不清楚。

（二）数字书写中常见的问题

由于书写速度的要求，在写数字时，常常会出现以下问题：（1）数字潦草，书写的数字不到位，难以辨认；（2）数字连笔，书写的数字容易被误看成其他数字。

二、知晓财经数字书写习惯

财经数字书写习惯具体包括以下内容：

（1）数字的写法是自上而下，先左后右，要一个一个地写，不要连写，以免分辨不清。

（2）斜度约以 60° 为准。

（3）高度以账表格的二分之一为准。

（4）除"7"和"9"上低格的四分之一，下伸次行格的四分之一外，其他数字都要靠在底线上。

（5）"6"的竖上伸至上行格的四分之一。

（6）"0"字不要有缺口。

（7）"4"的顶部不封口。

（8）从最高位起，以后各格必须写完，如壹仟肆佰元，应写成：

亿	千	百	十	万	千	百	十	元	角	分
					1	4	0	0	0	0

不能写成：

亿	千	百	十	万	千	百	十	元	角	分
					1	4	0	0		

也不能写成：

亿	千	百	十	万	千	百	十	元	角	分
					1	4				

（9）数字写错需要更正时，不论写错的数字是一个还是几个，应把全部数字用一道红线划销，在红线左端加盖经手人私章，然后再把正确的数字写在错误数字的上面，不得任意涂改、挖补、刀刮和皮擦，更不得用药水销蚀，以保证数字的真实正确。如：

亿	千	百	十	万	千	百	十	元	角	分	
						2	6	0	5	8	9
			盖	章		2	6	6	5	8	9 |（红线）

不能采取以下的方法更正：

```
              6          3         6 530.89        67 896
        14 856.8✗     85.72      ✗530.89          67 895
```

任务训练

一、按下表书写阿拉伯数码字若干，直至教师认可时为止。

1									2									3									4								
千	百	十	万	千	百	十	元	角	分	千	百	十	万	千	百	十	元	角	分	千	百	十	万	千	百	十	元	角	分	千	百	十	万	千	百	十	元	角	分

二、思考题

1. 阿拉伯数字的书写有哪些规范化要求？

2. 如何进行阿拉伯数字的错误订正？

任务二　知悉汉字大写数字书写规定

任务描述

汉字大写数字主要用于银行结算凭证（支票、汇票等）、收据、发票等重要单据的填写，采用汉字大写时可防止修改数据，有利于避免作弊和防止经济利益流失。会计法规对汉字大写数字和大写金额的书写方法做了明确、详细的规定，财会工作人员必须严格按照规定正确书写。

任务分解

```
                                        ┌─ 采用正楷字或行书字书写
                        ┌─ 了解汉字大写 ─┼─ 熟悉"人民币"书写规定
                        │   数字书写规则 ├─ 了解"整（正）"字用法
                        │               └─ 知晓"零"字写法
知悉汉字大写数字书写规定 ─┤
                        │               ┌─ 实例大写金额正确写法
                        └─ 掌握大写金额 ─┼─ 关注"壹"字写法规定
                            写法         └─ 知悉结算凭证大写规定
```

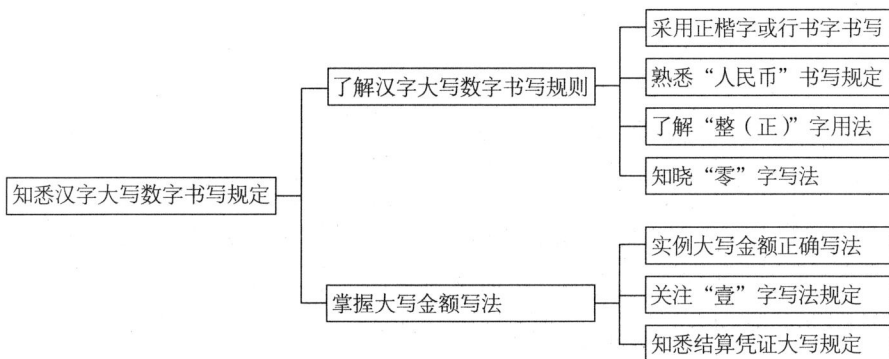

活动一　了解汉字大写数字书写规则

一、采用正楷字或行书字书写

汉字大写金额数字，要一律用正楷字或行书字书写。如壹、贰、叁、肆、伍、陆、柒、捌、玖、拾、佰、仟、万、亿、圆（元）、角、分、零、整（正）等易于辨认、不易涂改的字样，不得用一、二（两）、三、四、五、六、七、八、九、十、念、毛、另（或〇）、园等字样代替。

二、熟悉"人民币"书写规定

有固定格式的重要单证，大写金额栏一般都印有"人民币"字样，数字应紧接在"人民币"后面书写，在"人民币"与数字之间不得留有空位。大写金额栏没有印"人民币"字样的，应加填"人民币"三字。

三、了解"整(正)"字用法

汉字大写金额数字到"圆"或"角"为止的，在"圆"或"角"字之后，应写"整"字。汉字大写金额数字有"分"的，"分"字后面不写"整"字。"整"字笔画较多，在书写数字时，常常将"整"字写成"正"字。在汉字大写金额数字的书写方面，这两个字的作用是一样的。

四、知晓"零"字写法

阿拉伯金额数字有"0"时，汉字大写金额应怎样书写？这要看"0"所在的位置。对于数字尾部的"0"，不管是一个还是连续几个，汉字大写到非零数位后，用一个"整(正)"字结尾，都不需用"零"来表示。如"￥4.80"，汉字大写金额写成"人民币肆元捌角整"；又如"￥200.00"，应写成"人民币贰佰元整"。至于阿拉伯金额数字中间有"0"时，汉字大写应按照汉语语言规律、金额数字构成和防止涂改的要求进行书写。这里举例说明如下：

（1）阿拉伯金额数字中间有"0"时，汉字大写金额要写"零"字。如"￥306.79"，汉字大写金额应写成"人民币叁佰零陆元柒角玖分"。

（2）阿拉伯金额数字中间连续有几个"0"时，汉字大写金额可以只写一个"零"字。如"￥9 008.36"汉字大写金额应写成"人民币玖仟零捌元叁角陆分"。

（3）阿拉伯金额数字圆位是"0"，或者数字中间连续有几个"0"，圆位也是"0"，但角位不是"0"时，汉字大写金额中可以只写一个"零"字，也可以不写"零"。如"￥2 370.35"，汉字大写金额应写成"人民币贰仟叁佰柒拾圆零叁角伍分"，或者写成"人民币贰仟叁佰柒拾圆叁角伍分"；又如"￥81 000.47"，汉字大写金额应写成"人民币捌万壹仟圆零肆角柒分"，或者写成"人民币捌万壹仟圆肆角柒分"。

（4）阿拉伯金额数字角位是"0"，而分位不是"0"的，汉字大写金额圆字后面应写"零"字，如"￥425.03"，汉字大写金额应写成"人民币肆佰贰拾伍圆零叁分"；又如"￥9 600.08"，应写成"人民币玖仟陆佰圆零捌分"。

活动二　掌握大写金额写法

一、实例大写金额正确写法

大写金额正确写法与容易写错的对照如表1-2所示。

表 1–2

小写金额	大 写 金 额		
	正确写法	容易错写	错误原因
￥300.00	人民币叁佰元整	人民币：叁佰元整	"人民币"后面多了一个冒号
￥5 890.30	人民币伍仟捌佰玖拾圆零叁角正	人民币伍仟捌玖拾元零叁角零分	多写了"零分"二字
￥23 004.00	人民币贰万叁仟零肆元整	人民币贰万叁仟另肆元整	将"零"字错写成"另"字
￥100 200.00	人民币壹拾万零贰佰元整	人民币拾万贰佰元整	漏写"壹"字和"零"字
￥16.05	人民币壹拾陆元零伍分	人民币拾陆元伍分	漏写"壹"字和"零"字
￥50 087 000	人民币伍仟零捌万柒仟元正	人民币伍仟万零捌万柒仟元正	多写一个"万"字
￥9 800 000.06	人民币玖佰捌拾万元零陆分	人民币玖佰捌拾万零陆分	漏写"元"字

二、关注"壹"字写法规定

关于"壹拾几"的"壹"字，在书写汉字大写金额数字中不能遗漏。平时口语习惯说"拾几""拾几万"，但"拾"字仅代表数位，不是数字。如"￥786.03"，汉字大写金额应写成"人民币柒佰捌拾陆圆零叁分"；又如"￥240 013.00"，数字大写金额应写成"人民币贰拾肆万零壹拾叁元整"。

三、知悉结算凭证大写规定

银行主要在日常业务中填写凭证时使用汉字大写金额数字，尤其是开户单位向银行提交的明确经济责任的书面证明的各种结算凭证。财政部、中国人民银行总行和中国文字改革委员会在 1963 年就联合通知规定了凭证的填写方法，1984 年财政部又在《会计人员工作规则》中再次予以明确，中国人民银行多次作了布置和指示。银行在审查各种结算凭证时，在大、小写金额数字方面，除中国人民银行总行已有明确规定的外还有以下五点。

（1）汉字大写金额数字，规定不得自造简化字，但有的单位书写中用繁体字（如贰、陆、萬、圆）的，也可以受理。

（2）汉字大写金额数字到"角"为止，如果在"角"位后没写"整"字的，可以通融受理。

（3）汉字大写金额数字有"分"位的，"分"字后面多写了"整"字的，也可以通融受理。

（4）关于"零"字的写法，阿拉伯金额数字连续有几个"0"时，可以只写一个"零"字。如"￥201 001.05"汉字大写金额应写成"人民币贰拾万零壹仟零壹圆零伍分"，但写成"人民币贰拾万零壹仟零零壹圆零伍分"时也可以受理。

（5）各单位在银行结算凭证的大写金额栏内，不得预印固定的"佰、拾、万、仟、佰、拾、圆、角、分"字样。

🎖 任务训练

一、按下表书写汉字大写金额数字若干，直至教师认可时为止。

零														
壹														
贰														
叁														
肆														
伍														
陆														
柒														
捌														
玖														
拾														
佰														
仟														
万														
亿														
圆														

角																	
分																		
整																		

二、用汉字大写金额数字写出下列各数。

1. ￥76 908.56

2. ￥987 076.30

3. ￥89 000 987.32

4. ￥450 987 056.07

5. ￥906 089 116.00

6. ￥9 087.00

7. ￥654 100.30

8. ￥120 000 000.30

9. ￥1 234 000 009.00

10. ￥23 003.04

三、用小写数字写出下列各数（有人民币的应写上"￥"符号）。

1. 伍拾柒万陆仟肆佰贰拾叁

2. 人民币捌佰零壹万元整

3. 玖仟万

4. 人民币柒角壹分

5. 肆拾亿贰仟零叁拾万零贰佰元

四、思考题

1. 汉字大写数字的书写要注意哪些问题？

2. 会计人员在审查结算凭证时应注意哪些问题？

3. 汉字大写金额中有关"零"的写法有哪些规定？

项目小结

本项目主要阐述了会计数字书写的有关规范化书写要求，正确掌握阿拉伯数字的错误订正方法。要求正确掌握阿拉伯数字和汉字大写数字的规范化书写要领，对于数字的书写要求做到：规范、清楚、美观、流利。

项目二　掌握珠算技能

认知目标

1. 认识算盘及其相关基本知识。
2. 知悉珠算加减乘除计算方法。

技能目标

1. 能够掌握珠算操作基本技能。
2. 能够熟练掌握珠算加减计算操作方法。
3. 能够学会珠算乘除计算方法。

素养目标

1. 养成良好的数字意识。
2. 具备一定的计算技能。

任务一　学习珠算基本知识

任务描述

算盘同我国四大发明一样，历史悠久。经过人们世世代代的努力，珠算技术得到不断的改进和提高，作为计算工具的算盘也有了突破性的发展。推动算具改革的直接动力主要是人们想要提高运算速度。首先，必须有一把得心应手的算盘。"工欲善其事，必先利其器。"算盘的种类有很多，选择一把适用的算盘非常重要。想要打好算盘就从基本功开始练起吧！

任务分解

```
                      ┌─────────────────┐        ┌─────────────────┐
                      │ 认识算盘种类与结构 │────────│  了解算盘种类    │
                      └─────────────────┘        ├─────────────────┤
                              │                   │  知晓算盘构造    │
┌─────────────────┐          │                   └─────────────────┘
│ 学习珠算基本知识 │──────────┤
└─────────────────┘          │                   ┌─────────────────┐
                              │                   │  熟悉打算盘的姿势 │
                              │                   ├─────────────────┤
                              │                   │  掌握拨珠指法    │
                      ┌─────────────────┐        ├─────────────────┤
                      │ 掌握打算盘的基本功 │────────│ 知晓夹笔拨珠与清盘 │
                      └─────────────────┘        ├─────────────────┤
                                                  │  了解记数和分节  │
                                                  ├─────────────────┤
                                                  │ 知悉珠算操作基本要求 │
                                                  └─────────────────┘
```

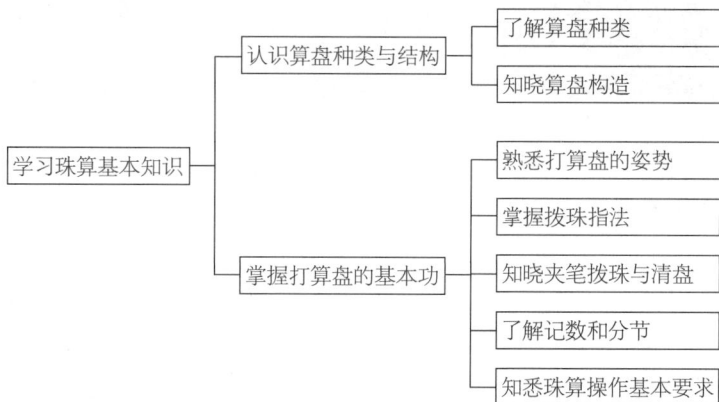

活动一　认识算盘种类与结构

一、了解算盘种类

近年来，我国特别重视算具改革的研究，算盘结构简单、价廉物美、运算简捷、携带方便等优点得以更加充分地发挥。算盘主要是用算珠来表示数字的，因此，算盘的种类基本上是按算珠来划分的。我国常用的算盘一般有三种。

（一）七珠大算盘

上二下五圆珠算盘，亦称老式算盘（如图 2-1 所示）。圆珠大算盘每档七珠，梁上二珠、梁下五珠，有十三档、十五档、十七档、二十一档等几种。在指法上采用三指拨珠。

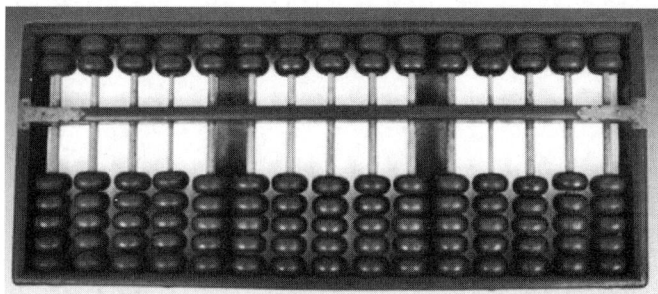

图 2-1

（二）菱珠小算盘

一种是上一下五菱珠长条形算盘，也叫东北式小算盘。一种是上一下四菱珠长条形算盘，也叫日式算盘。一般有十三档、十五档、十七档、二十一档、二十七档等几种。在指

法上采用二指拨珠。（如图 2-2 所示）

图 2-2

（三）改良中型算盘

体积大小介于圆珠算盘与菱珠小算盘之间的上一下四算盘，流行于使用圆珠算盘地区。和大算盘一样采用三指拨珠。（如图 2-3 所示）

图 2-3

菱珠小算盘和改良中型算盘体积小、档数多、珠距近、拨珠快、噪音小，又因刻有计位点，便于定位和携带，因而深受人们的喜爱。

二、知晓算盘构造

算盘主要是由框、档、梁、珠四部分组成。

框是指算盘的周边，有上、下、左、右框之分；梁是指框中间的横木，又称"横梁""中梁"；档是指通过梁贯穿着算珠的一根根小圆柱子；珠即算珠，有上珠、下珠之分，横梁以上的珠称上珠，上珠每个当"5"；横梁以下的珠称下珠，下珠每个当"1"。七珠算盘最上面的一颗珠称顶珠，最下面的一颗珠称底珠。（如图 2-4 所示）

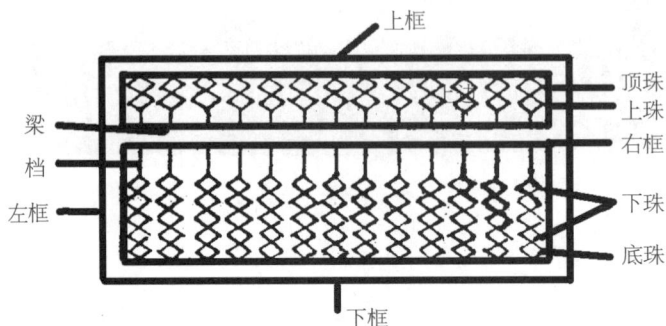

图 2-4

活动二 掌握打算盘的基本功

一、熟悉打算盘的姿势

打算盘是眼、手、脑的并用，离开任何一个环节都不行。因此，打算盘同写字一样，必须有个正确的姿势。

打算盘时要坐姿端正，身躯挺直，身体和桌沿保持一个拳头的距离，上体略微前倾，两脚自然分开与肩同宽，头稍低垂，眼睛和算盘的距离与看书时的距离一致，运算时两臂自然放松，腕和肘微离桌面。计算资料放在算盘的下面，尽量缩短算盘和计算资料间的距离，看算盘与看计算资料时只需转动眼睛，不需转动头颈，这样可以缩短看数和拨珠的距离，提高速度。

二、掌握拨珠指法

珠算是手指在算盘上做不停顿的动作，拨珠动作的快慢与拨珠指法十分密切。因此，拨珠的正确与否及拨珠动作的快慢，直接影响计算速度的快慢。

珠算的拨珠指法要根据算盘的大小而采用相应的方法。大中型算盘一般用三指拨珠，小算盘一般用两指拨珠，下面分别介绍两种算盘的拨珠指法。

（一）大算盘的拨珠指法

通常是用大拇指、中指和食指三个指头拨珠，无名指和小指可微微屈向掌心，以免带动算珠和妨碍视线。拨珠时要略轻一点，不要拨得太重，太重了一会影响速度，二会把算珠弹回原处；但也不要过轻，过轻不能将算珠拨置靠梁。拨珠时要用手指最易接触算珠的部位，即手指的顶端来拨珠。

三个指头的具体分工如下。

拇指：拨下珠靠梁。（如图 2-5 所示）

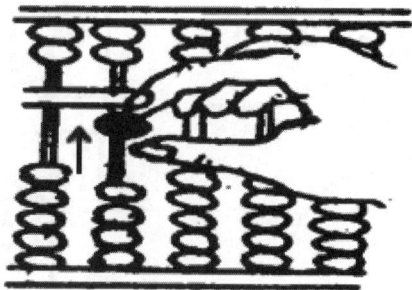

图 2-5

食指：拨下珠离梁。（如图2-6所示）

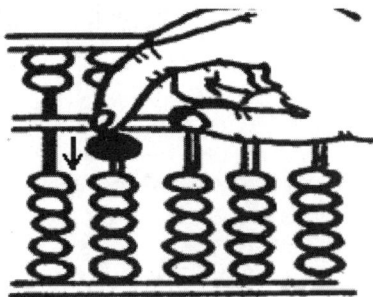

图2-6

中指：拨上珠靠梁和离梁。（如图2-7所示）

图2-7

以上三指分工的拨珠法，叫单指独拨。经过人们的实践和努力，又发展了两指连拨和三指联拨。

1. 两指联拨

（1）拇指和中指联拨。（如图2-8所示）

把上下珠同时拨靠梁，称为双合。把上珠拨离梁、下珠拨靠梁，称为双上。

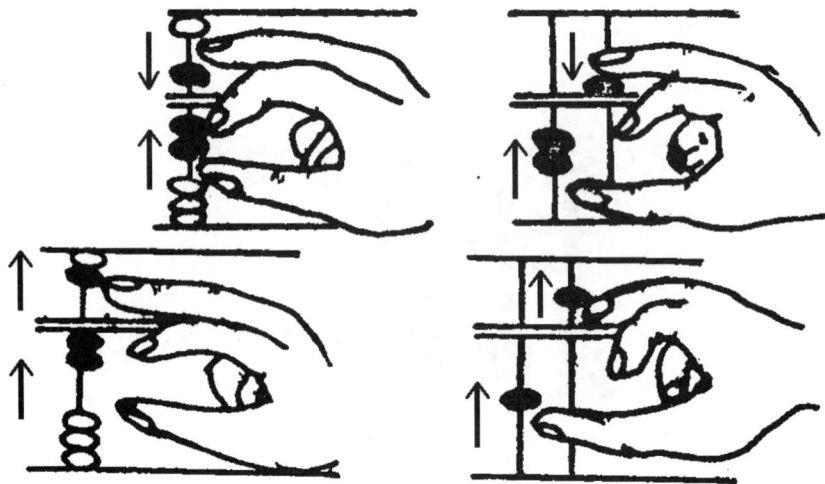

图2-8

（2）中指和食指联拨。（如图2-9所示）

图2-9

把上下珠都拨离梁，称为双分。把上珠拨靠梁、下珠拨离梁，称为双下。

（3）拇指和食指联拨。（如图2-10所示）

左下靠梁，右下离梁，称为扭进。左下离梁，右下靠梁，称为扭退。

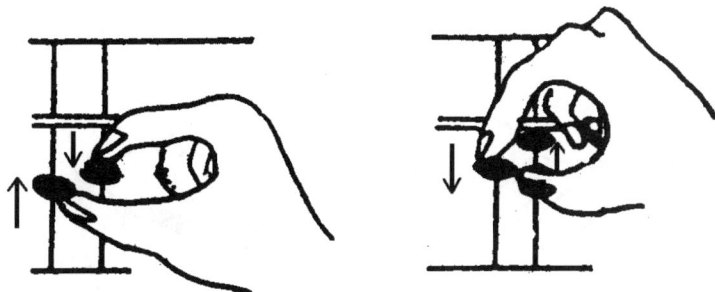

图2-10

2. 三指联拨

右一档上、下珠需同时离梁再向左一档进一时，如26+4=30，可用三指联拨。（如图2-11所示）

（二）小算盘的拨珠指法

小算盘由于体积小、珠距短，要求起指轻捷、落指平稳。因此，只用拇指和食指两个指头拨珠，中指、无名指和小指都屈向掌心，以免带珠和挡住视线。两指具体分工是：拇指拨下珠靠梁，有时也拨下珠离梁；食指拨下珠离梁和上珠靠梁、离梁。

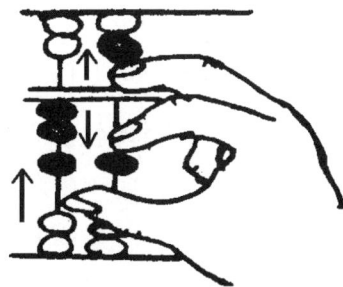

图2-11

小算盘运用拇指和食指拨珠显然也有两指联拨的方法。具体叙述如下。

（1）双合：本档或本档同左一档上、下珠同时靠梁时，如+6，+9，+15，+45等。

（2）双分：本档或本档同左一档上、下珠同时或部分分离梁时，如6−6，8−7，25−25，37−25等。

（3）双上：本档或本档同左一档下珠靠梁、上珠离梁时，如7−3，6−2，9+5，28+5等。

（4）双下：本档上珠靠梁、下珠离梁时，如 3+3，14+4 等。

（5）扭进：本档的下珠离梁，左一档下珠靠梁时，如 2+8，6+9 等。

（6）扭退：本档的下珠靠梁，左一档下珠离梁时，如 10-7，21-8 等。

三、知晓夹笔拨珠与清盘

（一）夹笔拨珠

为了减少在运算过程中拿起笔与放下笔的空当时间，计算者可以夹笔拨珠。夹笔拨珠是打算盘的基本功之一。现行夹笔方法有两种：一种是夹在无名指和小指中间，靠小指的力量把笔扣牢；另一种是将笔放在拇指上面和另外四指下面，靠无名指和小指的力量把笔扣牢，这种方法简称全握笔。全握笔还有另一种方法，即将笔的一头放在虎口上，另一头放在无名指的下面、小指的上面。（如图 2-12 所示）具体采用何种夹笔方法由计算者根据自己的习惯选定。

图 2-12

（二）清盘

目前，五珠小算盘上已装有清盘器（如图 2-13 所示），只要手指一按清盘器，算盘上的上下珠就会自动脱离中梁，形成空档。这种算盘已被我国珠算选手广泛选用，并且已成为推广项目。在财会战线上的珠算应用人员如使用七珠大算盘或六珠算盘，则可以采用快速清盘法。清盘方法是用拇指和食指合拢（拇指在下，食指在上），沿着算盘横梁由右至左迅速推移（也可以由左至右），利用手指对靠近横梁两旁算珠的推力，把算珠弹列靠框。注

图 2-13

意：在推动过程中，并拢的手指不要下意识地张开接触小圆柱来推算珠靠框。而是只沿着中梁推移；推移时速度要适中，用力不宜过猛，否则会弹回算珠。

四、了解记数和分节

算盘是用算珠来表示数的，珠靠梁表示某数，珠离梁靠框表示零。当右手拨珠靠梁时高位在左边，低位在右边，同阿拉伯数字记数一样。算盘上没有固定的个位档，一般先要确定一档为个位档，然后从右向左的位数依次是十位档、百位档、千位档、万位档……逐位扩大十倍，都是整数。从个位档向右数，依次是十分位档、百分位档、千分位档……逐位缩小为十分之一，都是小数。个位档可根据运算的方便而定。

三位分节制计数法是国际上通用的一种计数方法，即对整数位在四位或四位以上的数，从个位起，向左每三位数字作为一节，用分节点","或者用空半个阿拉伯数字的位置分开，最前面不足三位的可单独成一个分节，这种计数方法就是三位分节制计数法。

为了便于在算盘上迅速找到多位数的位置，可以在中梁上每隔三位做一小圆点，我们把它称为计位点。在记小数时，计位点也可作小数点。为了记住计位点的位数，可把算盘上从低位到高位的节数用一句话来概括：三位分节，千、百万、十亿。

五、知悉珠算操作基本要求

（一）明确学习目的

珠算是中华民族优秀的文化遗产，在计算机技术普遍应用的现代社会，珠算作为我国传统的计算工具，和计算机技术相辅相成，并行不悖。珠算技能是基本的传统计算技能之一，更是财经类大中专学校学生必备的基本技能。因此，学好珠算技术对于提高学生的动手能力、计算能力，以及提高学生基本素质都有着十分重要的意义。学好珠算技术必须明确学习目的，只有这样才能热爱珠算，才能练好珠算，才能提高工作效率，为现代化建设多做贡献。

（二）加强珠算基本功训练

珠算是一门应用技术，是靠拨动算珠进行计算的。熟练操作算盘、掌握与此有关的各个环节等基本功则显得尤其重要。因此，看数、读数、记数、心算、拨珠、定位和写数的每个环节都非常重要。

看数时，采取分节看数，眼睛一瞥就要看准、记牢，并且争取达到一瞥能看到6~7个阿拉伯数字的水平。拨珠时，要轻、灵、稳、准，严格按照指法分工来拨。计算时要加强心算练习，如加减法一目三行法、乘法单积"一口清"、除法采用空盘除结合一位乘以多位减积并用双手拨珠法。定位采用算前快速定位法等。计算方法要更新,要敢于采用先进的、简单实用的方法，不能墨守成规。写数、抄数时应做到准确迅速、规范、清晰，以及学会盯盘写数等。

综上所述，要打好算盘，必须眼、脑、手三者合理分工、密切配合，做到眼明、心敏、手巧。

（三）拥有良好心理素质

珠算技术是一门综合技能，有时候光靠苦练、实干并不能达到目的。有的初学者功夫下得也不少，练习的方法也很先进，可成绩就是提高不上去，或者在紧张、严肃的状态下，如比赛、鉴定、考试中，不能把自己的平时水平发挥出来，要么打得不快、要么打快了又不准。诸如此类的情况都与珠算学习者的心理状态有很大关系。珠算技术最大的特点就是"易学难精"。"易学"，有的学生就掉以轻心，认为拨算两下就可以了，不必深学；"难精"，有的学生又认为太难了，把达到珠算技能更高水平视为畏途，丧失学习的勇气和信心。因此，初学者在学习时，一定要树立明确的学习目的，集中思想，实干加巧干，思想上不能有畏难的情绪，不能背包袱。临场发挥不好时，应有意识地加强抗干扰训练，发扬优秀选手不畏艰难、勇于拼搏的精神，增强自己的信心和战胜困难的决心。"准"与"快"的关系解决不好时，应加强基本功训练，要集中精力、勤学多练、以勤补拙。练习方法可以多种多样，定时练，定量练，在不同的环境、地点练，在人多的地方、有噪音的地方练，多做对抗赛练习、友谊赛练习。无论在任何环境、条件下练习或比赛，都要抱着积极向上、乐观进取的心态，做到胜不骄、败不馁、自信、自强，只有这样才能不断提高自己的珠算技术水平。

任务小结

珠算是一门实用性很强的计算技能，它是靠拨动算珠进行计算的，熟练掌握拨珠指法技巧及相关知识显得尤为重要，本次课重点讲解了有关珠算的基础知识，重点任务就是要掌握拨珠指法，只有不断地加强练习才能更好地掌握拨珠指法技巧。

任务思考题

1. 算盘是由哪几个部分构成的？其各自的作用是什么？

2. 我国目前常用的算盘种类有哪些？各自有何优点？

3. 算盘有何特点？

4. 现代珠算的拨珠指法有哪几种？各种指法有何作用？拨珠时应注意什么？

5. 两指拨珠和三指拨珠分别适合何种类型的算盘？

6. 会计人员打算盘为什么不提倡双手拨珠?

7. 谈谈大拇指和食指在三指指法和两指指法中的作用。

8. 算盘时为什么要求右手握笔拨珠?

🎗 任务训练

1. 进行指法练习

（1）在算盘上拨 1，去掉；拨 2，去掉；拨 3，去掉……拨 9，去掉。如此反复进行。

（2）在算盘上拨 11，去掉；拨 22，去掉；拨 33，去掉……拨 99，去掉。如此反复进行。

（3）在算盘上拨 1 111，去掉；拨 2 222，去掉；拨 3 333，去掉……拨 9 999，去掉。如此反复进行。

2. 进行两指联拨练习

（1）拇指和中指联拨：

一	二	三	四	五	六	七	八	九	十
+6	+7	+8	+9	+15	+25	+35	+45	+53	+52
15-1	16-2	17-3	18-4	5+5	25+5	35+5	15+5	2+6+5	1+6-4

（2）中指和食指联拨：

一	二	三	四	五	六	七	八	九	十
7-6	8-6	9-6	6-6	8-7	9-7	7-7	8-8	15-15	25-15
35-25	45-35	1+4	2+3	2+4	3+3	4+1	3+2	3+4	4+4
4+2	4+3	2+4-6	3+4-7	4+4-8	26-6	37-6	48-7	59-9	78-67

（3）拇指和食指联拨：

一	二	三	四	五	六	七	八	九	十
1+9	2+8	3+7	4+6	2+9	3+8	4+7	3+9	4+8	11-9
12-8	11-8	12-9	26-7	45-6	32-8	92-8	9+7-8	8+8-9	3+9-7

3. 进行三指联拨练习

一	二	三	四	五	六	七	八	九	十
6+4	7+3	8+2	9+1	7+4	8+3	9+2	8+4	9+3	9+4
27+4	26+4	38+2	19+1	27+3	36+4	68+2	37+4	49+2	56+4

任务二　掌握珠算基本加减法

任务描述

珠算加减法是学习珠算的基础，加减法学会了，乘除法也就迎刃而解了，学习珠算就是从最简单最基本的加减法开始的。

任务分解

```
                                    ┌─ 直接的加和直接的减
                     ┌─ 掌握加减基本运算法 ┤─ 补五的加和破五的减
                     │              ├─ 进位的加和退位的减
                     │              └─ 隔档借位减
                     │
掌握珠算基本加减法 ─┼─ 知悉五升十进加减合教 ┬─ 采用"五升十进制"
                     │                    └─ 分步学习勤练指法操
                     │
                     │              ┌─ 打定数
                     └─ 学会加减传统练习法 ┤─ 学常数
                                    └─ 掌握加减练习法
```

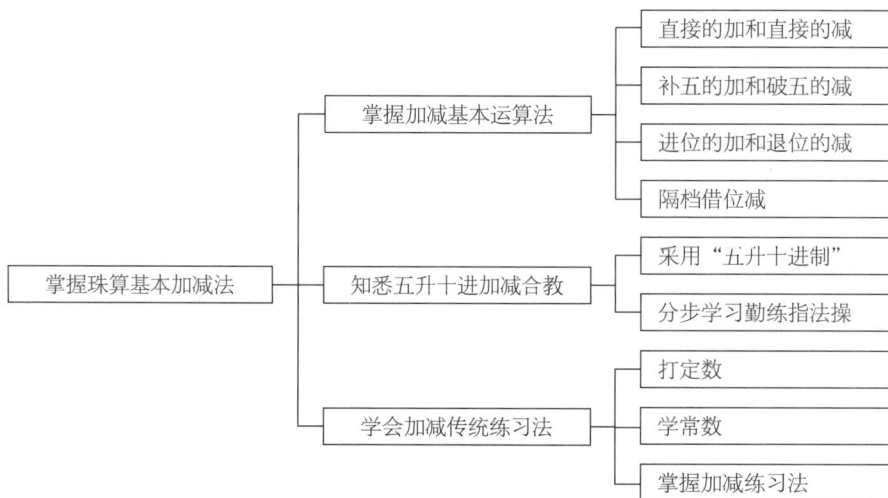

珠算加减法在实际工作中应用十分广泛，加减法是珠算最基本的运算方法。并且加减法又是学习乘法、除法的基础。因为乘算是同数连加的简算，除算是同数连减的简算，因此，必须把加减法学好。

根据珠算的特点，在进行加减运算之前，先确定个位档的位置，在计算时必须注意对准位数。可以利用算盘梁上的计位点来识别位数，被加（减）数与加（减）数相加（减），个位对个位，十位对十位，百位对百位。无论哪一种型号的算盘，在算盘的横梁上都有计位点，梁上的计位点应标在两档之间，这样比较科学、合理，可以与数字的分节号、小数点——对应，一目了然，运算便于

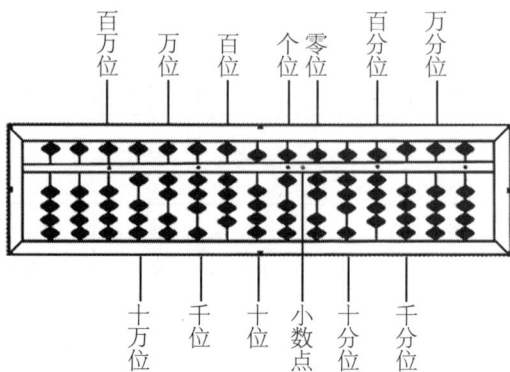

图 2-14

找档，不易错位。（如图 2-14 所示）

加减法教学过去一直采用口诀进行教学，我国加减口诀教法在明代就已经有了，形成了以口诀为指导的特殊的珠算系统。明朝吴敬著《九章详注比类算法大全》就载有"上法歌"与"退法歌"。近年来，人们提倡"不用口诀，加减合教"。主要是因为加减口诀繁多，不仅记忆难、理解难，以后若要去掉口诀则更难。过去从无口诀到有口诀是进步，现在从有口诀到无口诀则是更大的进步。而"加减合教"则是根据加减法运算的规律，把加法和减法同步进行教学以提高教学效果的方法。过去由于加减法用口诀进行教学，先教加法后教减法，殊不知加减口诀都是相互对应的。有"四下五去一"就有"四上一去五"即加 4 与减 4 相对，去一与上一相对，下五与去五相对。加法口诀有 26 句，减法口诀也有 26 句。加法口诀中包含着减法运算，如"三下五去二"中去二即是减二。减法口诀中包含加法运算，如"八退一还二"中还二即是加二，"三上二去五"中上二即是加二。因此，加减合教符合运算规律。随着社会的发展和时代的进步，珠算的技术方法也要符合现代化、国际化的要求，而"不用口诀，加减合教"可以通行于采用拼音文字的任何国家，所以我们要大力推行"不用口诀"运算法。

活动一　掌握加减基本运算法

进行加法运算，首先定好个位，再按位拨上被加数，按照同位数从左到右把加数逐位与被加数各位相加，当满十时向前一档进一珠，加数某位是零的，不拨珠。加完最末一位数后，算盘上的数就是和数。

进行减法运算和加法运算一样，先在算盘上定好个位，按位将被减数拨入算盘，再对准被减数的相应档位，将减数依次逐位相减，减数的某位数是零的，该档不拨珠。在减算过程中，当本档不够减时，向左一档借"1"为本档的"10"，一直减到最后一位数为止。算盘上靠梁的算珠所表示的数，就是所求的差数。

加减运算的基本要领是：数位对齐，高位算起。加减运算可分为三种类型：直接的加和直接的减；凑五加和破五减；进位加和退位减。

一、直接的加和直接的减

直接的加减是当拨入被加数或被减数后，加上一个加数或减去一个减数时，能够直接在本档加上或减去这个数，只需将加数拨入靠梁，减数拨去离梁，其拨珠规律是：加看外珠，够加直加；减看内珠，够减直减。例如：2+1，5+4，7+2，6-1，9-4，4-3 等。

（一）直接的加法

【例 1】425+523=948

运算步骤为：

（1）置数：置被加数 425 入盘。（如图 2-15 所示）

（2）加 500：百位加 5，只拨 1 颗上珠靠梁。（如图 2-16 所示）

（3）加 20：十位加 2，只拨 2 颗备用下珠靠梁。（如图 2-17 所示）

（4）加 3：个位加 3，只拨 3 颗下珠靠梁。（如图 2-18 所示）

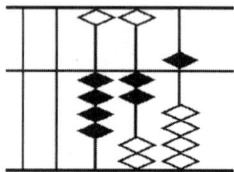 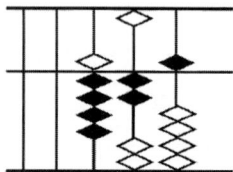 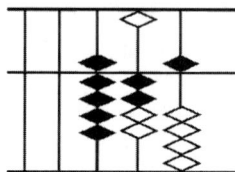 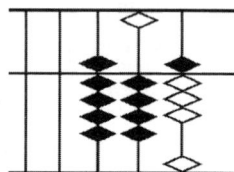

图 2-15　　　　　　图 2-16　　　　　　图 2-17　　　　　　图 2-18

【例 2】257+142=399

先从左到右拨上被加数 257，加看外珠，在百位上直接加 1、十位上直接加 4、个位上直接加 2。

【例 3】2 165+2 314=4 479

先从左到右拨上被加数 2 165，加看外珠，在千位上直接加 2、百位上直接加 3、十位上直接加 1、个位上直接加 4。

为了便于掌握直加的运算，读者可根据表 2-1 进行练习。

表 2-1

8+1						
7+1	7+2					
6+1	6+2	6+3				
5+1	5+2	5+3	5+4			
4+5						
3+1	3+5	3+6				
2+1	2+2	2+5	2+6	2+7		
1+1	1+2	1+3	1+5	1+6	1+7	1+8

（二）直接的减法

【例4】973−612=361

运算步骤为：

（1）置数：置被减数973入盘。（如图2−19所示）

（2）减600：百位减6，只拨1颗靠梁上珠和1颗靠梁下珠离梁。（如图2−20所示）

（3）减10：十位减1，只拨1颗靠梁下珠离梁。（如图2−21所示）

（4）减2：个位减2，只拨2颗靠梁下珠离梁。（如图2−22所示）

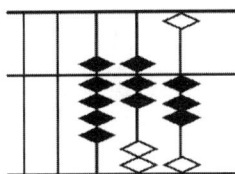 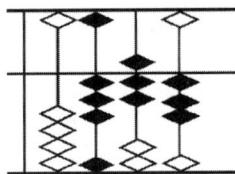 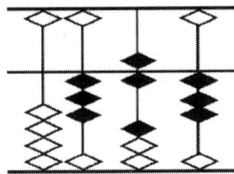 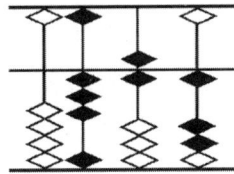

图2−19　　　　　　图2−20　　　　　　图2−21　　　　　　图2−22

【例5】　874−723=151

先从左到右拨入被减数874，减看内珠，在百位上拨去7、十位上拨去2、个位上拨去3即可。

【例6】　953−851=102

先从左到右拨入被减数953，减看内珠，在百位上拨去8、十位上拨去5、个位上拨去1即可。为了掌握直接的减法运算，可根据表2−2进行练习。

表2−2

9−1	9−2	9−3	9−4	9−5	9−6	9−7	9−8	9−9
8−1	8−2	8−3	8−5	8−6	8−7	8−8		
7−1	7−2	7−5	7−6	7−7				
6−1	6−5	6−6						
5−5								
4−1	4−2	4−3	4−4					
3−1	3−2	3−3						
2−1	2−2							
1−1								

本项目所列各表，都是一位数的加减法。一位数的加减法是基本的操作，只要熟练地掌握一位数的加减，就能适应任何多位数的加减。

二、补五的加和破五的减

（一）补五的加

补五的加也叫凑五的加。在算盘上已有部分下珠，若再继续加 1～4 各数，而下珠不够加，要拨入本档上珠，凑满五才够加的加算。其运算规律是："下珠不够，加五减凑。"凑五数是指两数相加等于 5，它们是：1+4=5；2+3=5；3+2=5；4+1=5。1 和 4 及 2 和 3 都互为凑五数。

运算时，在拨入被加数后，加上一个加数本档满 5，先拨下 1 颗上珠 5，再在下珠中减去一个加数的互凑数即可。例如：2+3 档上已有下珠 2，加 3 时拨入 1 颗上珠 5，同时拨去 2 颗下珠。所以，在珠算运算中，2+3 实际上就等于 2+（5-2）。即加 5 后，再从下珠中减去多加的数，这一类指法都是双上。

【例 7】3+4=7（如图 2-23 和图 2-24 所示）

拨入被加数 3，加上 4，拨入上珠 5，再在下珠中拨去一个加数 4 的互凑数 1。

【例 8】3 241+4 324=7 565

运算步骤为：

（1）先拨入被加数 3 241。（如图 2-25 所示）

（2）加上加数 4 324，各档的下珠都不够，不能直接加上，各档分别拨下 1 颗上珠 5，再在下珠中分别拨去一个加数 4 324 的互凑数 1 231。（如图 2-26 所示）

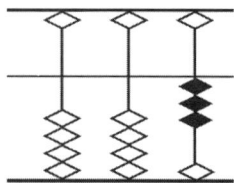 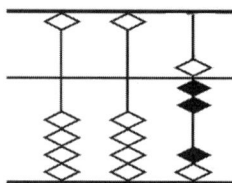 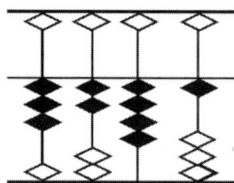 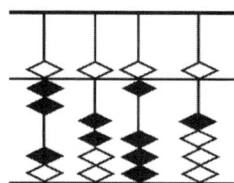

图 2-23　　　　　　图 2-24　　　　　　图 2-25　　　　　　图 2-26

【例 9】3 421+3 244=6 665

先拨入被加数 3 421，再逐位加入 3 244，下珠不够，加五减凑，从左到右分别加 5 减去 3 的凑数 2、2 的凑数 3、4 的凑数 1、4 的凑数 1。为便于掌握补五的加，请大家根据表 2-3 来进行练习。

表 2-3

1+4			
2+3	2+4		
3+2	3+3	3+4	
4+1	4+2	4+3	4+4

（二）破五的减

破五的减也叫去五的减，从被减数中减 1~4 各数时，下珠不够减，需拨去本档上珠，把多减的数（减数的凑数）加入下珠。它同"补五的加"正好相反，其运算规律是："下珠不够，加凑减五。"例如：6-4 本档有数 6，够减减数 4，但下珠只有 1，不够直接减 4，加凑减五，4 的凑数是 1，即加 1 减 5。所以，珠算运算的 6-4，实际上等于 6-5+1。即减 5 后在下珠加上多减的数。这一类指法都是双上。

【例 10】8 657-4 324=4 333

运算步骤为：

（1）置数：置被减数 8 657 入盘。（如图 2-27 所示）

（2）减 4 000，千位数减 4，拨 1 颗下珠靠梁和 1 颗上珠离梁。（如图 2-28 所示）

（3）减 300：百位数减 3，拨 2 颗下珠靠梁和 1 颗上珠离梁。（如图 2-29 所示）

（4）减 20：十位数减 2，拨 3 颗下珠靠梁和 1 颗上珠离梁。（如图 2-30 所示）

（5）减 4：个位数减 4，拨 1 颗下珠靠梁和 1 颗上珠离梁。（如图 2-31 所示）

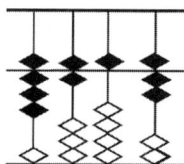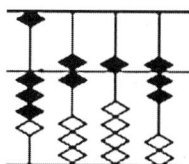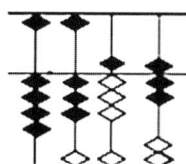

图 2-27　　　　　　图 2-28　　　　　　图 2-29　　　　　　图 2-30　　　　　　图 2-31

【例 11】665-432=233

先拨入被减数 665，再逐位减去 432，下珠不够，加凑减五，从左至右分别加上：4 的凑数 1，减去 5；3 的凑数 2，减去 5；2 的凑数 3，减去 5，得 233。大家可根据表 2-4 进行练习，掌握破五减的运算。

表 2-4

5-1	5-2	5-3	5-4
6-2	6-3	6-4	
7-3	7-4		
8-4			

三、进位的加和退位的减

（一）进位的加

两数相加，本档满十，需进一位于前档。这种加算叫进位的加。

向前档进一的加有两种情况：进十加法；破五进十加法。

1. 进十加法

加算时本档满十或超十，即在前档拨 1 颗下珠靠梁（进十），同时用直接减法从本档减去加数对于 10 的补数。其运算规律是："本档满十，减补进一。"（补即补数，两数和为 10 的互补数是：1 和 9；2 和 8；3 和 7；4 和 6；5 和 5）如 6+5=11，先拨入被加数 6，要加 5，本档满十，减补进一，5 的补数是 5，即减 5 进 1。

【例 12】436+874=1 310

运算步骤为：

（1）置数：将被加数 436 入盘。（如图 2-32 所示）

（2）加 800：百位加 8，本档超十，在前档拨 1 颗下珠靠梁，本档用直接减法拨 2 颗下珠离梁。指法是扭进。（如图 2-33 所示）

（3）加 70：十位加 7，本档满十，在前档拨 1 颗下珠靠档，本档用直接减法拨去 3 颗下珠离梁。指法是扭进。（如图 2-34 所示）

（4）加 4：个位数，本档超十，在前一档拨 1 颗下珠靠梁，本档用直接减法拨 1 颗下珠离梁和 1 颗上珠离梁。指法是三指连拨。（如图 2-35 所示）

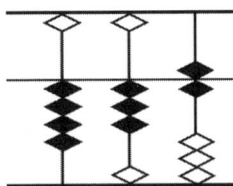 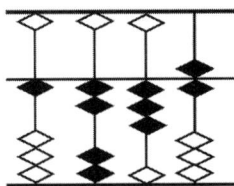 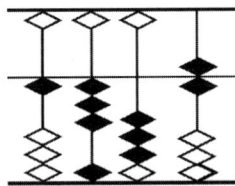 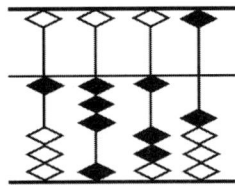

图 2-32　　　　　　图 2-33　　　　　　图 2-34　　　　　　图 2-35

【例 13】3 874+8 439=12 313

先拨入被加数 3 874，再在千位上加 8，本档满十，减 2 进 1；百位上加 4 满十，减 6 进 1；十位上加 3 满十，减 7 进 1；个位上加 9 满十，减 1 进 1；得 12 313。为了便于掌握进十加法，请大家按表 2-5 进行练习。

表 2-5

1+9								
2+8	2+9							
3+7	3+8	3+9						
4+6	4+7	4+8	4+9					
5+5								
6+4	6+5	6+9						
7+3	7+4	7+5	7+8	7+9				
8+2	8+3	8+4	8+5	8+7	8+8	8+9		
9+1	9+2	9+3	9+4	9+5	9+6	9+7	9+8	9+9

2. 破五进十加法

本档上被加数已有上珠靠梁，当加 6，7，8，9 时，本档满十，要向左（前）一档进 1，减补数时又不能在本档下珠中直接减去，必须拨去上珠 5，并在下珠加还多减的数。其拨珠规律是："减补进一，加凑减五。"它把"进十的加法"和"破五的减法"的两步运算结合起来进行一次综合运算。其条件是本挡已有上珠靠梁，又要加 6，7，8，9，我们可以把这四个数分解：6 分为 5 和 1；7 分为 5 和 2；8 分为 5 和 3；9 分为 5 和 4。

从分解的情况来看，前面的 5 代表上珠，是要减的数，后面的 1，2，3，4 表示补数的凑数，是要拨入的下珠。例如：5+8，被加数 5 拨入算盘后，本档上已有上珠靠梁，要加上 8，8 的分解是 5 和 3，即拨入（下珠）3，拨去（上珠）5，再向左（前）一档进 1。

【例 14】8 576+7 968＝16 544

运算步骤为：

（1）置被加数 8 576 入盘。（如图 2-36 所示）

（2）加 7 000：千位加 7，本档超十，在前档拨 1 颗下珠靠梁，同时拨 3 颗下珠离梁。（如图 2-37 所示）

（3）加 900：百位加 9，本档超十，在前档拨 1 颗下珠靠梁；本档拨 4 颗下珠靠梁，同时拨去上珠 5。（如图 2-38 所示）

（4）加 60：十位加 6，本档满十，本档拨 1 颗下珠靠梁，同时拨去上珠 5，并向前档进 1。（如图 2-39 所示）

（5）加 8：个位加 8，本档超十，本档拨 3 颗下珠靠梁，同时拨去上珠 5，并向前档进 1。（如图 2-40 所示）

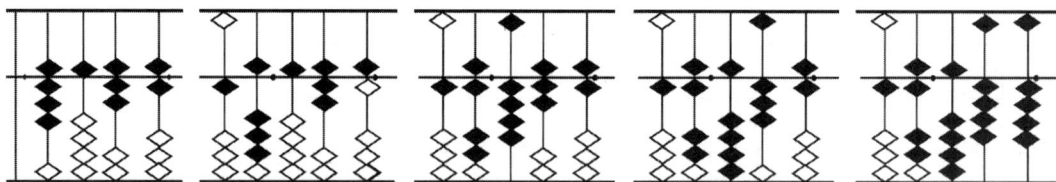

| 图 2-36 | 图 2-37 | 图 2-38 | 图 2-39 | 图 2-40 |

【例 15】5 555+7 968=13 523

先拨入被加数 5 555，各档均满十，各档下珠分别拨入 2，4，1，3，并同时拨去上珠 5，向左前一档进 1，得 13 523。

【例 16】456.37+876.29=1 332.66

先拨入被加数 456.37；百位加 8 进十加，本档下珠减 2，并向前档进 1；十位加 7 破五进十加，本档拨 2 颗下珠靠梁，拨去上珠 5，并向前档进 1；个位加 6 破五进十加，本档拨 1 颗下珠靠梁，拨去上珠 5，并向前档进 1；十分位加 2 满五加，本档拨入上珠 5，拨去下珠 3；百分位加 9 进十加，本档下珠减 1，向前档进 l；得 1 332.66。为了便于掌握破五进十的加，请按表 2-6 进行练习。

表 2-6

8+6			
7+6	7+7		
6+6	6+7	6+8	
5+6	5+7	5+8	5+9

（二）退位减

两数相减，本档不够减，需从前档退十才够减。这种减算叫退位的减。它有两种情况：（1）退十的减；（2）退十补（凑）五的减。

1. 退十的减

拨入被减数后，本档靠梁珠小于减数，和笔算一样，要向前档减 1（借 1）到本档当 10，才够减，同时，在本档能加上这个减数对十的补数。其运算规律是："本档不够，退一加补。"这样，进十的加与退十的减的拨珠动作和顺序正好完全相反。例如：12-8=4，在算盘上拨上被减数 12，个位减 8，本档不够减，退 1 加 2，得 4。

【例 17】1 246-357=889

运算步骤为：

（1）置数：置被减数 1 246 入盘。（如图 2-41 所示）

（2）减 300：百位减 3，本档靠梁珠小于减数 3，在前档拨 1 颗下珠离梁，本档用直接

加法拨 2 颗下珠靠梁和 1 颗上珠靠梁。（如图 2-42 所示）

（3）减 50：十位减 5，本档靠梁算珠小于减数 5，在前档拨 1 颗下珠离梁。本档用直接加法拨 1 颗上珠靠梁。（如图 2-43 所示）

（4）减 7：个位减 7，本档靠梁算珠小于减数 7，在前档拨 1 颗下珠离梁，本档用直接加法拨 3 颗下珠靠梁。（如图 2-44 所示）

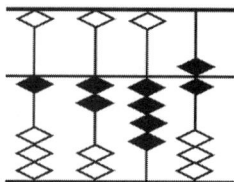 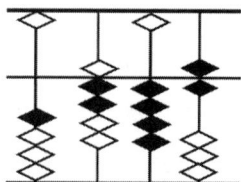 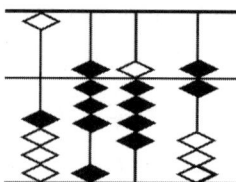 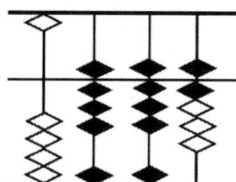

图 2-41　　　　　　图 2-42　　　　　　图 2-43　　　　　　图 2-44

【例 18】2 645-856=1 789

先拨入被减数 2 645；在百位上减 8，本档不够减，向前档退 1，本档加 2；在十位上减 5，本档不够减，向前档退 1，本档加 5；在个位上减 6，本档 5 不够减，向前档退 1，本档加 4；得 1 789。为了便于掌握退十的减法，按表 2-7 进行练习。

表 2-7

10-1	10-2	10-3	10-4	10-5	10-6	10-7	10-8	10-9
11-2	11-3	11-4	11-5	11-7	11-8	11-9		
12-3	12-4	12-5	12-8	12-9				
13-4	13-5	13-9						
14-5								
15-6	15-7	15-8	15-9					
16-7	16-8	16-9						
17-8	17-9							
18-9								

2. 退十补（凑）五的减

减算时，本档靠梁珠小于减数，并且只有下珠靠梁，又要减 6，7，8，9 时，本档不够减，必须向前档借 1 到本档当 10 才够减，相减后剩余的补数不够在下珠加还时，要拨上珠 5 靠梁，再从下珠中减去补数的凑数。其拨珠规律是："退一加补，加五减凑。"这和去五进十的加正好完全相反，它把"退十的减法"和"补五的加法"的两步运算结合起来进行综合运算。其条件是本档只有下珠靠梁，又要减 6，7，8，9，我们把这四个数分解：6 分为 5 和 1；7 分为 5 和 2；8 分为 5 和 3；9 分为 5 和 4。

从分解的式例来看，向前档退 1 后，上面的 5 是表示要拨入的上珠，下面的 1，2，3，

4 是表示要拨去的下珠。如 14-8=6，先拨入被减数 14，再在个位减 8，本档不够减，退 1 加补，8 的补数是 2，2 的凑数是 3，加 5 减 3，得 6。

【例 19】2 433-865=1 568

运算步骤为：

（1）置数：置被减数 2 433 入盘。（如图 2-45 所示）

（2）减 800：百位减 8，本档靠梁珠小于减数 8，在前档拨 1 颗下珠离梁，本档用补五加法拨 1 颗上珠靠梁和 3 颗下珠离梁。（如图 2-46 所示）

（3）减 60：十位减 6，本档靠梁珠小于减数 6，在前档拨 1 颗下珠离梁。本档用补五加法拨 1 颗上珠靠梁和 1 颗下珠离梁。（如图 2-47 所示）

（4）减 5：个位减 5，本档靠梁珠小于减数 5，在前档拨 1 颗下珠离梁，本档用补五加法拨 1 颗上珠靠梁。（如图 2-48 所示）

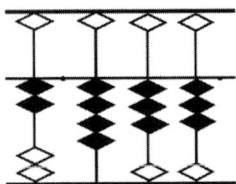 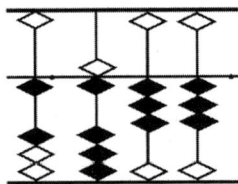 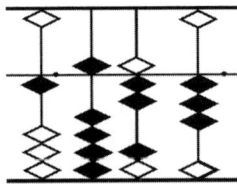 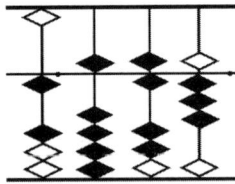

图 2-45　　　　　　图 2-46　　　　　　图 2-47　　　　　　图 2-48

【例 20】21 434-6 789=14 645

先拨入被减数 21 434；千位减 6，不够减，前档退 1，本档加 5 减 1；百位减 7，不够减，前档退 1，本档加 5 减 2；十位减 8，前档退 1，本档加 5 减 3；个位减 9，不够减，前档退 1，本档加 5 减 4；得 14 645。

四、隔档借位减

在减法运算中，"退档"时会遇到前档有两个或两个以上的"0"，遇到此种情况，则要采用隔档借位或隔几档借位。

隔档借位的规律是：隔了几档借位，退 1 后就要还上几个 9，并在本档（应减档）上加上几，加上几与减去几刚好满 10。

（一）隔一档借位的减

【例 21】100-6=94

运算：个位档是 0，减去 6，不够减，向十位档借 1，而十位档也是 0，必须再向百位借，在百位档借 1，从十位档起加上"94"。

（二）隔二档借位的减

【例 22】1 000-8=992

运算：个位档是 0，减去 9，不够减，十位档和百位档都是 0，应向千位档借 1，在其百位档起加上"992"。

加法、减法是两种最基本的计算方法，它们互为逆运算。在方法上两者既是对立的，又是统一的。加中有减、减中有加，有时很难分开。以上在介绍加减法的基本运算时，是按方法分类介绍和练习的，但在实际教学时，由于加减互为逆运算，把加减合在一起教学和练习，效果会更好。

活动二　知悉五升十进加减合教

一、采用"五升十进制"

"不用口诀，加减合数"方法的基础是"五升十进制"，即采用"凑五、补十"的方法指导拨珠，学会加减。因此加减法教学的思路应当是：改变笔算（心算）加减的思维方式，采用新的珠算的思维方式。

第一，凑五法（五升）。

5	1	2	3	4
	4	3	2	1

5	1	2
	4	3

第二，补十法（十进）。

10	1	2	3	4	5	6	7	8	9
	9	8	7	6	5	4	3	2	1

10	1	2	3	4	5
	9	8	7	6	5

第三，加减运算的基本要领是：数位对齐，高位算起。

二、分步学习勤练指法操

加减合教的具体方法可按以下四种类型分类分步进行，现以两指指法为例介绍加减法合教合学的方法。包括：①直接的加和直接的减；②满五加和破五减；③直减进位加和直加退位减；④破五进位加和满五退位减。

（一）直接的加和直接的减

1. 直加、直减 4 以内的数

下珠拨珠。

加法：1+1，1+2，2+1，3+1，2+2，1+3。

减法：4-1，4-2，4-3，4-4，3-1，3-2，3-3，2-1，2-2，1-1。

规则：加看外珠，够加直加（拇指拨上去）；减看内珠，够减直减（食指拨下来）。

2. 直加、直减 5

（1）加法。

上珠拨珠：1+5，2+5，3+5，4+5。

拨珠指法：食指拨下来。

（2）减法。

上珠拨珠：6-5，7-5，8-5，9-5。

拨珠指法：食指弹上去。

规则：加看外珠，够加直加（拇指拨上去）；减看内珠，够减直减（食指拨下来）。

3. 直加、直减 6

1+6，2+6，3+6，9-6，7-6，6-6。

拨珠指法：加 6，拇指、食指双合；

减 6，拇指、食指双分；

拇指、食指同时完成。

4. 直加、直减 7

1+7，2+7，9-7，8-7，7-7。

拨珠指法：加 7，拇指、食指双合；

减 7，拇指、食指双分；

拇指、食指同时完成。

5. 直加、直减 8

1+8，0+8，9-8，8-8。

拨珠指法：加 8，拇指、食指双合；

减 8，拇指、食指双分；

拇指、食指同时完成。

6. 直加、直减 9

0+9，9-9。

拨珠指法：加9，拇指、食指双合；

减9，拇指、食指双分；

拇指、食指同时完成。

（二）满五加和破五减

1. 满5加

指法：+4＝5-1　　双下6（5，1拨下来）

指法：+3＝5-2　　双下7（5，2拨下来）

指法：+2＝5-3　　双下8（5，3拨下来）

指法：+1＝5-4　　双下9（5，4拨下来）

拨珠指法：食指、拇指同时下拨。

2. 破5减

指法：-4＝+1-5　　双上6（1，5拨上去）

指法：-3＝+2-5　　双上7（2，5拨上去）

指法：-2＝+3-5　　双上8（3，5拨上去）

指法：-1＝+4-5　　双上9（4，5拨上去）

拨珠指法：拇指、食指同时上拨。

（三）直减进位加和直加退位减

1. 直减进位加　+9

拨珠：+9＝-1+10　　减1进1

1+9，2+9，3+9，4+9，6+9，7+9，8+9，9+9。

2. 直减进位加　+8

拨珠：+8＝-2+10　　减2进1

2+8，3+8，4+8，7+8，8+8，9+8。

3. 直减进位加　+7

拨珠：+7＝-3+10　　减3进1

3+7，4+7，8+7，9+7。

4. 直减进位加　+6

拨珠：+6＝-4+10　　减4进1

4+6，9+6。

5. 直减进位加　+5

拨珠：+5＝-5+10　　减5进1

5+5，6+5，7+5，8+5，9+5。

6. 直减进位加　+4

拨珠：+4=-6+10　　减 6 进 1

6+4，7+4，8+4，9+4。

7. 直减进位加　+3

拨珠：+3=-7+10　　减 7 进 1

7+3，8+3，9+3。

8. 直减进位加　+2

拨珠：+2=-8+10　　减 8 进 1

8+2，9+2。

9. 直减进位加　+1

拨珠：+1=-9+10　　减 9 进 1

9+1。

10. 直加退位减　-9

拨珠：-9=-10+1　　借 1 加 1

10-9，11-9，12-9，13-9，15-9，16-9，17-9，18-9。

11. 直加退位减　-8

拨珠：-8=-10+2　　借 1 加 2

10-8，11-8，12-8，15-8，16-8，17-8。

12. 直加退位减　-7

拨珠：-7=-10+3　　借 1 加 3

10-7，11-7，15-7，16-7。

13. 直加退位减　-6

拨珠：-6=-10+4　　借 1 加 4

10-6，15-6。

14. 直加退位减　-5

拨珠：-5=-10+5　　借 1 加 5

10-5，11-5，12-5，13-5，14-5。

15. 直加退位减　-4

拨珠：-4=-10+6　　借 1 加 6

10-4，11-4，12-4，13-4。

16. 直加退位减　-3

拨珠：-3=-10+7　　借 1 加 7

10−3，11−3，12−3。

17. 直加退位减 　−2

拨珠：−2=−10+8　　　借1加8

10−2，11−2。

18. 直加退位减 　−1

拨珠：−1=−10+9　　　借1加9

10−1。

（四）破五进位加和满五退位减

1. 破五进位加 　+6

拨珠：+6=+10−5+1　　双上6进1

5+6，6+6，7+6，8+6。

2. 破五进位加 　+7

拨珠：+7=+10−5+2　　双上7进1

5+7，6+7，7+7。

3. 破五进位加 　+8

拨珠：+8=+10−5+3　　双上8进1

　5+8，6+8。

4. 破五进位加 　+9

拨珠：+9=+10−5+4　　双上9进1

5+9。

5. 满五退位减 　−6

拨珠：−6=−10+5−1　　借1双下6

11−6，12−6，13−6，14−6。

6. 满五退位减 　−7

拨珠：−7=−10+5−2　　借1双下7

12−7，13−7，14−7。

7. 满五退位减 　−8

拨珠：−8=−10+5−3　　借1双下8

13−8，14−8。

8. 满五退位减 　−9

拨珠：−9=−10+5−4　　借1双下9

14−9。

（五）直接的加和直接的减的基本结合（如表 2-8 所示）

表 2-8

1+1-1	1+2-2	1+3-3	1+5-5	1+6-6	1+7-7	1+8-8
2+1-1	2+2-2	2+5-5	2+6-6	2+7-7		
3+1-1	3+5-5	3+6-6				
4+5-5						
5+1-1	5+2-2	5+3-3	5+4-4			
6+1-1	6+2-2	6+3-3				
7+1-1	7+2-2					
8+1-1						

以上共 26 种加减基本结合。在讲授清楚加减运算法则和指法以后，以上 26 种基本结合的反复练习就显得特别重要。教学时要把一位数和多位数结合起来，并把节奏导入练习之中。其方法是：先在盘上拨入基数（被加数）111，口呼手拨加 111，减 111，加 111，减 111，加 111，减 111（练习三次以上）。被加数为 111 练完后，将被加数调整为 222，再按上述方法练习：加 222，减 222，加 222，减 222，加 222，减 222，……加 999，减 999，加 999，减 999，加 999，减 999。顺次调整基数（被加数），将上述的所有基本结合反复练习。

（六）满五加和破五减的基本结合（如表 2-9 所示）

表 2-9

1+4-4			
2+3-3	2+4-4		
3+2-2	3+3-3	3+4-4	
4+1-1	4+2-2	4+3-3	4+4-4

以上共 10 种基本结合。讲清凑五的概念及双上、双下指法动作的要领后，按第二类加减的方法反复练习。

（七）进位加、退位减的基本结合（如表 2-10 所示）

这一类共 45 种基本结合。

表 2-10

1+9-9								
2+8-8	2+9-9							
3+7-7	3+8-8	3+9-9						
4+6-6	4+7-7	4+8-8	4+9-9					
5+5-5	5+6-6	5+7-7	5+8-8	5+9-9				
6+4-4	6+5-5	6+6-6	6+7-7	6+8-8	6+9-9			
7+3-3	7+4-4	7+5-5	7+6-6	7+7-7	7+8-8	7+9-9		
8+2-2	8+3-3	8+4-4	8+5-5	8+6-6	8+7-7	8+8-8	8+9-9	
9+1-1	9+2-2	9+3-3	9+4-4	9+5-5	9+6-6	9+7-7	9+8-8	9+9-9

此一类也可分为补十数的加减和补十数、凑五数相结合两种情况来练习。主要应掌握"本档满十，减补加齐"及"本档不够，减齐加补"的运算要领。按照第一类加减的方法练习。当掌握上述各类基础以后，再将所有的81种加减法的基本结合都结合在一起练习。

这种练习在讲授加减的同时结合指法，加减练完了，指法也练熟了。因它有81种加减基本结合，而乘法有"九九歌诀"，除法有"九归歌"，因此这种讲授加减练习指法的方法称为加减"九九指法操"，将所有的加减基本结合。（如表2-11所示）

表 2-11

1+1-1	1+2-2	1+3-3	1+4-4	1+5-5	1+6-6	1+7-7	1+8-8	1+9-9
2+1-1	2+2-2	2+3-3	2+4-4	2+5-5	2+6-6	2+7-7	2+8-8	2+9-9
3+1-1	3+2-2	3+3-3	3+4-4	3+5-5	3+6-6	3+7-7	3+8-8	3+9-9
4+1-1	4+2-2	4+3-3	4+4-4	4+5-5	4+6-6	4+7-7	4+8-8	4+9-9
5+1-1	5+2-2	5+3-3	5+4-4	5+5-5	5+6-6	5+7-7	5+8-8	5+9-9
6+1-1	6+2-2	6+3-3	6+4-4	6+5-5	6+6-6	6+7-7	6+8-8	6+9-9
7+1-1	7+2-2	7+3-3	7+4-4	7+5-5	7+6-6	7+7-7	7+8-8	7+9-9
8+1-1	8+2-2	8+3-3	8+4-4	8+5-5	8+6-6	8+7-7	8+8-8	8+9-9
9+1-1	9+2-2	9+3-3	9+4-4	9+5-5	9+6-6	9+7-7	9+8-8	9+9-9

以上教练法既适合课堂教学，也适合课后自我练习。课堂教学时，报数一定要先慢后快、口齿清楚、富有节奏感。听算拨珠时，要做到集中精力、指法正确，报得

慢、拨得慢，报得快、拨得快，报声结束，珠也拨好，动作整齐一致，拨珠干净利落，节奏感强。这样的教练法要求教师讲一点，学生学一点、练一点，由浅入深，循序渐进，简单易学，避免了随意乱拨，减少了拖泥带水的副动作。通过反复练习，加减对比，最终形成条件反射。

活动三　学会加减传统练习法

一、打定数

定数就是指阿拉伯数字 1，2，3，4，5，6，7，8，9 九个数字。

我们通常将 $1+1+1+\cdots+1=100$ 及 $100-1-1-1-\cdots-1=0$ 称为定数 1 的加减；将 $2+2+2+\cdots+2=200$ 及 $200-2-2-2-\cdots-2=0$ 称为定数 2 的减法；依此类推，一直到定数 9 的加减。

二、学常数

常数就是我们常常要练习的传统练习。常数练习很多，下面就介绍几种常见的传统练习。

（一）一条心

一条心也有人叫加 625，即将 625 连加十六次得出总数 10 000。加 625 四次为 2 500；八次为 5 000；十二次为 7 500。练习减法从总数 10 000 中减 625，十六次后还原为 0。

时间标准：高级水平 15 秒以内，中级水平 15~30 秒，初级水平 30 秒以上。

（二）七盘清

七盘清也叫七盘成。先在算盘上拨 123 456 789 入盘，照此数连加七遍，在末位上加 9，得数即为 987 654 321。也可从这个总和中先减去 9，然后连续减八次 123 456 789，恰好减完。

时间标准：高级水平 30 秒以内，中级水平 30~50 秒，初级水平 50 秒以上。

各盘的得数如下：

原数 123 456 789；

第一盘 246 913 578；

第二盘 370 370 367；

第三盘 493 827 156；

第四盘 617 283 945；

第五盘 740 740 734；

第六盘 864 197 523；

第七盘 987 654 312；

在末位加 9，盘上数为 987 654 321。

（三）三盘成

三盘成也叫三盘清。在算盘上置数 123 456 789，然后从左到右见几加几，连拨三盘，最后在末位上加 9，即成 987 654 321。

时间标准：高级水平 10 秒以内，中级水平 10~20 秒，初级水平 30 秒以上。

各盘得数如下：

原数 123 456 789；

第一盘 246 913 578；

第二盘 493 827 156；

第三盘 987 654 312；

最后在个位档加 9，盘上数为 987 654 321。

（四）打 142 857

把 142 857 连加七遍得 999 999，就叫加 142 857。再把 999 999 连减 142 857 七遍得 0，就叫减 142 857。

时间标准：高级水平 20 秒以内，中级水平 20~30 秒，初级水平 30 秒以上。

（五）打 16 875

把 16 875 连续加十次，当盘上出现 168 750 为止，就叫加 16 875。再把 168 750 连减 16 875 十遍得 0，就叫减 16 875。

时间标准：高级水平 15 秒以内，中级水平 15~25 秒，初级水平 25 秒以上。

（六）打 16 835

把 16 835 连加十二次，得数 202 020，中间每连加三次，得数循环出现。如第三盘得数为 50 505，第六盘为 101 010，第九盘得数为 151 515。以此类推就叫加 16 835。再把 202 020 连减 16 835 十二遍得 0，就叫减 16 835。

时间标准：高级水平 20 秒以内，中级水平 20~30 秒，初级水平 30 秒以上。

（七）加减百子

加百子，是从个位档开始从 1 起连续加 2，3，4…一直加到 100，答数为 5 050。

时间标准：高级水平 60 秒以内，中级水平 60~90 秒，初级水平 90 秒以内。

减百子就是从 5 050 中逐次减 1，2，3…一直减到 100，算盘上还原为 0。

时间标准同加法。

打百子打熟了，分段的数大脑早已记住，如：从 1 加到 20=210，1 加到 50=1 275，1 加到 100=5 050。

为了便于检查自己中途有无错误，可以对照下面各段得数（如表 2-12 和表 2-13 所示）。

表 2-12

加到的数	10	20	36	50	60	70	80	90	100
和数	55	210	666	1 275	1 830	2 485	3 240	4 095	5 050

表 2-13

减到的数	10	20	36	50	60	70	80	90	100
差数	4 995	4 840	4 585	3 775	3 220	2 565	1 810	955	0

加减百子是最基本的传统练习，加减基本运算法全部包括在里面，不仅能巩固加减运算，而且能加快拨珠速度，使拨珠计算形成"条件反射"。

加减法的传统练习对初学者掌握指法的运用、加快拨珠频率及提高基本技能，都有一定的作用，但它只属于基础的练习。要想较快地提高珠算技术水平，必须要有决心和毅力，苦练基本功，运用简捷算法，提高运算速度，力求既"决"又"准"。

三、掌握加减练习法

珠算加减法的拨珠运算，要求能达到不假思索、见数拨珠的程度。除了做传统练习外，还要努力加强基本功的练习。

（一）加强指法练习

指法是打好算盘的基础，拨珠指法的正确与否及拨珠频率的高低，直接影响计算的速度和效率。因此，在进行指法练习时拨珠用力要适度，小臂微微抬起，手指离盘面的高度一般控制在 5mm 左右，以免带子形成漂珠，注意单指拨珠与联拨的关系，拨珠速度均匀且有节奏。要加强指法传统练习，经常打百子、打 16 875 等，同时要加减法并进练习。总之，拨珠动作应掌握的要领是：轻巧灵敏，用力适度；进退有序，协调连贯；保持节奏，干净利落。

（二）重视拨珠看数

在计算多位数的加减时，按三位一节打出。每节数的末一位要摸档拨珠入盘，同时要把拨珠和看数联系起来。因为看数能力的强弱直接影响到计算速度的快慢。看数不能只看数不拨珠，也不是把一行数看完后再拨珠，而通常是：分节看数，分节拨珠；边看数，边拨珠。当然，这要根据具体数字而定。例如：6 308 472 这一行数字，可分为两段看数，先看 6 308，同时拨珠打出，在拨子时要摸珠入盘，同时迅速接着打出 472。在打 472 到 2 时，马上转眼看下一行数。在看数时，有分节和小数点处可稍作停顿，如 738 615.24，可看成 738-615-24，这样，可以提高看数的速度。看数只是大脑反映数字，而不能念出数字，若念出数字再把数字拨入算盘，运算速度就慢多了。

使用中型算盘，可将计算资料放在算盘的下方，算盘放在计算资料的上方，使资料同算盘的距离保持最佳，算盘紧挨数据，左手的中指在计算行数字的下边。同时眼睛视线看数字、看算盘，使看数、拨珠连为一体，刚开始练习时，可进行置数练习，即在算盘上拨上一行数字，核对有无差错后清盘，再看下一行，核对后，再清盘，速度从慢到快，并从位数较少到位数较多，难度逐渐加大。这样，可大大提高看数的速度。（如图 2-49 所示）

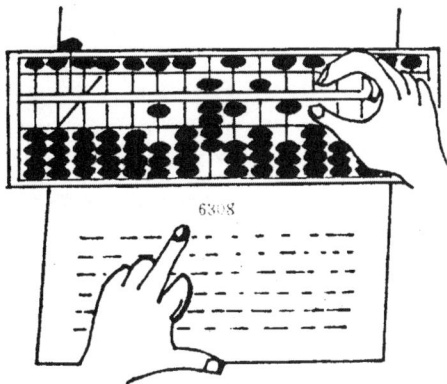

图 2-49

使用小算盘，算盘放在桌面身前正中需要计算的账表上，右手可以指缝夹笔，左手中指按住资料，其余各指握住算盘左端的三分之一处，用算盘当尺，边打边往下移动算盘，使需要计算的数字始终露出在算盘所用档段的左上方，以便于看数。（如图 2-50 所示）

看数时要注意不要把数字看颠倒、看漏，数字中的 0 较多时更要注意，不要把 6 054 看成 6 504，或者将 380 看成 830。

图 2-50

（三）学会判断首位数

珠算加减法的各行数字参差不齐，只有在运算时认准首位数且正确判断出从哪一档（位）开始拨加减，才不至于出现拨错档位、拨虚珠或重复拨珠。

要正确判断首位数，首先在算盘上定好个位档，再从个位档起从右到左每三档在横梁上做一个计位点。这样，见数后就可将首位数拨在应拨的档次上。

（四）练习摸档拨珠

所谓摸档拨珠，就是眼睛不看算盘可拨动算珠。当然，这不是说不可以看算盘，而是眼睛看到算盘的各数后，大脑能迅速做出反应。

摸档拨珠有两种练习方法：一种方法是打百子，要求眼不看算盘从 1 加到 100，若加不到 100，可以先掌握从 1 加到 36；另一种方法是进行眼睛看数拨珠练习，先从位数较少的数开始练习，然后数的位数逐渐增多，在拨后边一二位数时，眼睛不能看算盘，算盘上有多个数及要加减哪个数，要迅速做出反应，快速拨珠。

摸档拨珠只要能达到二三档，就可以使看数拨珠连在一起。

例如：

$$47\ 935$$

$$5\ 389$$

$$+\ 604\ 537$$

按分节看数拨珠运算，眼睛看 47，手指在拨 7 时，眼睛的视线要看到后面的数 935，手指在拨 5 时，视线转向下一行数字，按同样的方法拨珠，一环紧扣一环。

（五）了解先十法

加算时，预见到下位加满十须进位，就在上位相加时多加 1。例如：804+39，在加 3 时预见到个位 4+9 需进 1，就在十位上加 4。因在十位上 9 进了位，故个位相加时，即不要再进位。这样可减少一次拨珠动作。减算时，也可用先十法，当预见到个位（或下位）不够减需在十位上退 1 时，在十位数相减的同时多减 1。例如 764-38 在减 3 时预见到个位 4-8 需借 1，就在十位上多减 1，即减 4。因在十位上提前多减了 1，故个位减 8 有 2，在个位上加 2 即可。

（六）加强写数练习

数字的书写首先必须规范，按标准的数码字书写；其次要注意不要将数字写得过大，因为写得太大了，停留在每个数字上的时间长，就写不快。平时在练习时，就应把练习书写数字同盯盘写数练习结合起来，力求做到只看算盘上的数，不看资料就能将答数迅速正确地写出。在写答数时，还要注意以下两个方面：一是看算盘时将珠看错，造成书写错误，如将 1 看成 5 或将 5 看成 1；二是书写潦草，以至于批改者无法辨认，结果作错误论处，此种情况在等级鉴定和各级比赛中发生较多。

任务小结

珠算加减法是学习乘除法的基础，在实际工作中加减法运算应用十分广泛，本项目的学习是整个珠算学习的重点。珠算加减法的拨珠运算要达到不假思索、见数拨珠的程度。因此，运算的每个环节要做到：看数迅速，拨珠快准，写数盯盘，条件反射。

1. 现代珠算加减法不用口诀加减法进行计算的优势在哪里？

2. 什么叫定数？什么叫常数？

3. 常用的珠算加减法有哪几种？

4. 如何进行加减法的练习？

任务三　学会珠算基本乘法

任务描述

求一个数的若干倍是多少的方法叫乘法。乘法是加法的简便运算，如 8×2=16，可看作 8+8=16。古代把被乘数称"实数"，乘数称"法数"。有人说乘法就是加法的简便算法，那么如何学好乘法呢？那就从最简单的乘法口诀开始吧！

任务分解

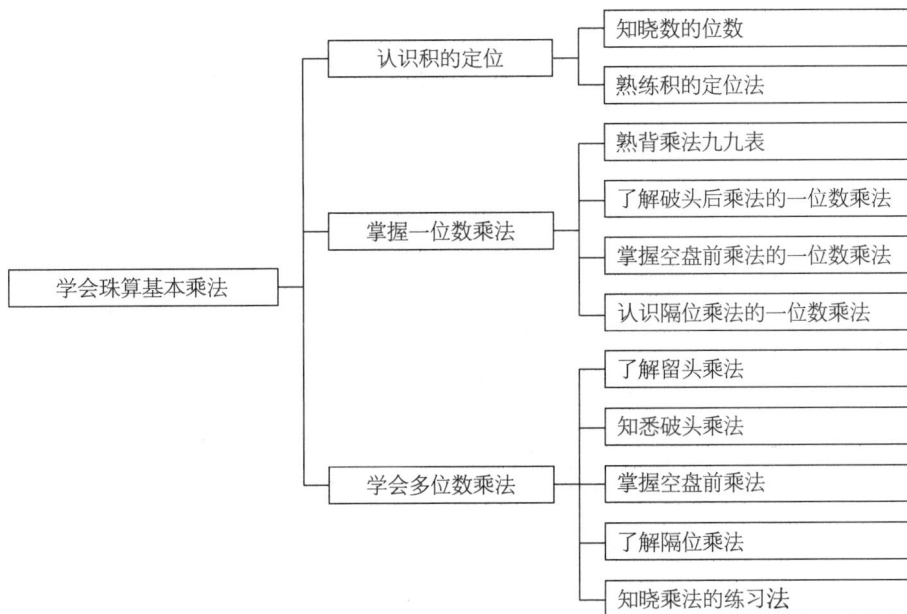

知识探究

求一个数的若干倍是多少的方法叫乘法。

乘法的定律有：

（1）交换律：a×b=b×a

（2）结合律：a×b×c=a×（b×c）

（3）分配律：a×（b±c）=a×b±a×c

一切乘法的运算方法和法则都是根据这三条定律引申出来的。若能巧妙运用这三条定律，则能使乘法运算简捷。由于乘法具有交换律，故可以变换乘数与被乘数的位置，其积数不变。

$$8 \quad × \quad 2 \quad = \quad 16$$

被乘数   乘数   积数

（实数）   （法数）   （积数）

珠算乘法的种类很多，一般可分为以下几类：

（1）按适用范围分，有基本乘法、简捷乘法。

（2）按被乘数的运算顺序，可分为前乘法、后乘法。后乘法再按乘的顺序，还可分为破头乘法、留头乘法、掉尾乘法、空盘后乘法等。

（3）按置积的位置可分为：隔位乘法和不隔位乘法。

（4）按是否布被乘数和乘数又可分为：布数乘法和不布数乘法。

活动一 认识积的定位

珠算计算因在算盘上没有固定的个位，又是用空档表示 0。例如：625×16=10 000，算盘上的读数是 1，如果计算 6.25×0.16，算盘上的读数还是 1，究竟其后面有几个 0 呢？因此，要学好乘法运算，定位是不可缺少的一环。

积的定位法就是确定乘积数值的方法。在算盘上有几档数，如 364，定位不同就表示不同的数，例如：364，3 640，36 400，36.4，0.364，0.036 4 等。所以，我们在学习积的定位法之前必须了解一下数的概念。

一、知晓数的位数

（一）正位数

一个数只要有整数，它的整数部分数字的个数，就称正位数。有几位整数就叫"正几位"，用"+"号表示。如217（正3位），用"+3"表示；2 170.09（正4位），用"+4"表示。

（二）零位数

纯小数小数点后边到有效数字间没有0的数称为零位数。零位数用"0"表示，如0.25，0.637 8，0.100 04等，都是零位数。

（三）负位数

纯小数小数点后边到有效数字间有0的数，称为负位数。负位数用"−"号表示，有几个0就称负几位。如0.012（负1位），用"−1"表示；0.000 289（负3位），用"−3"表示。

二、熟练积的定位法

积的定位法有多种，这里只介绍三种较容易掌握且使用较普遍的方法，即公式定位法、移档定位法和积首落档定位法。

（一）掌握公式定位法

一般地说，被乘数的位数 m 与乘数的位数 n 相乘，乘积的位数 S 有两种可能：

① $S=m+n$

② $S=m+n-1$

那么，在什么情况下用①式，什么情况下用②式呢？先看下面两组例题：

第一组

4	×	8	=	32
（1位	+	1位）	=	+2位
3	×	45	=	135
（1位	+	2位）	=	+3位

第二组

4	×	2	=	8
（1位	+1位 −1位）		=	+1位
3	×	25	=	75
（1位	+	2位 −1位）	=	+2位

从例中可看出，第一组用公式①；第二组用公式②，虽然两组被乘数与乘数的位数一样，但积数是有差别的。

从第一组可以得出：当积的首位数字比被乘数或乘数的首位数字小时，用公式①，

即 $S=m+n$。

积的首位数比被乘数（或乘数）小，故用①式进行定位。

从第二组可以看出：当积的首位数字比被乘数或乘数的首位数字大时，用公式②，即 $S=m+n-1$。

积的首位数比被乘数（或乘数）大，故用②式进行定位。

如果积的首位数字与被乘数或乘数的首位数当中的其中一个相同，就用另一个进行比较。如 $2×138=276$，积的首位数字与被乘数首位数字相同，就与乘数首位数字比较，2 比 1 大，故用公式②定位；如果积的首位数字与被乘数或乘数的首位数字相同，则比较它们的首二位，首二位再相同时，则比较它们的首三位。如 $12×15=180$，积的首位数字与被乘数或乘数的首位数字都是 1，故比较它们的首二位，积的首二位 8 比被乘数的首二位 2 大，故用公式②定位：2 位 +2 位 −1 位 =3 位。

【例 1】$0.14×0.624\ 3 \rightarrow 87\ 402$

定位：积的首位数字 8 比被乘数首位数字 1 大，故用 $S=m+n-1$ 定位，即 0 位 +0 位 −1 位 =−1 位，所以，乘积应为 0. 087 402。

【例 2】$962×0.954 \rightarrow 917\ 748$

定位：积的首位数字 9 与被乘数、乘数的首位数字 9 相同，比较它们的首二位，1 比 6 小，故用 $S=m+n$ 定位，即 3 位 +0 位 =3 位，所以，乘积应为 917.748。

公式定位法因要判断积与两因数首位的大小，因此，用这种方法定位较慢。

（二）了解移档定位法

移档定位法（适用于不隔位乘法）是根据乘数的位数定出积的个位。m 位的被乘数与 n 位的乘数相乘时：

（1）若乘数是正位数，被乘数的个位就向右移几档，作为积的个位；

（2）若乘数是零位数，被乘数的个位不变，也即是积的个位；

（3）若乘数是负位数，被乘数的个位就向左移几档，作为积的个位。

【例 3】$476×38.27=18\ 216.52$

定位：被乘数 476（$m=3$）置于算盘上，因乘数 38.27（$n=2$），个位向右移两档作为积的个位（如图 2-51 所示）。

【例 4】$476×0.382\ 7=182.165\ 2$

定位：被乘数 476（$m=3$）置于算盘上，因乘数 0.382 7（$n=0$），所以被乘数的个位即是积的个位（如图 2-52 所示）。

【例 5】$47.6×0.003\ 827=0.182\ 165\ 2$

定位：被乘数 47.6（$m=2$）置于算盘上，因乘数 0.003 827（$n=-2$），所以个位向左移两档作为积的个位（如图 2-53 所示）。

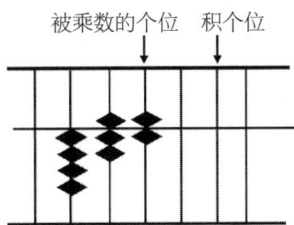
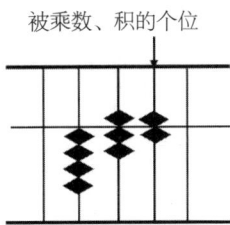
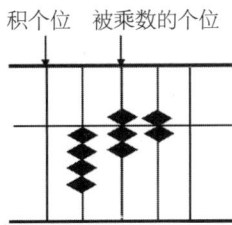

被乘数的个位　积个位　　　　被乘数、积的个位　　　　积个位　被乘数的个位

图 2-51　　　　　　　　图 2-52　　　　　　　　图 2-53

移档定位法一般适用于破头乘、留头乘、补数乘法等，如用隔位乘法及其他一些简捷算法就需另定个位。

（三）认识积首落档定位法

顾名思义，积首落档定位法就是根据积的首位数落在被乘数的哪一档上来确定积的位数是多少的一种定位方法。

其一，若积的首位数落在被乘数的首位档上，那么积的位数就等于被乘数与乘数的位数之和，即 $S=m+n$。

一般说来，如果被乘数和乘数首位数字相乘进位，则积的首位数肯定落在被乘数的首位档上，其积的位数 $S=m+n$。

【例 6】$632 \times 481 \to 303\ 992$

定位：被乘数与乘数首位数字相乘，$6 \times 4=24$ 是进位，故积的位数为：3 位 +3 位 = 6 位，乘积应为 303 992。

但是值得注意的是，在有些情况下，被乘数与乘数的首位相乘是不进位的，但后几位的乘加引起了进位，使首位之积又落到了被乘数的首位档上，故其积位数仍是 $S=m+n$。

【例 7】$342 \times 0.31 \to 10\ 602$

定位：被乘数与乘数首位数字相乘 $3 \times 3=9$，不进位，但后一位 4 乘 3 得 12，加上 9 引起了进位，故积的位数为：3 位 +0 位 =3 位，乘积应为 106.02。

其二，若积的首位数落在被乘数首位的右一档上，那么积的位数就等于被乘数与乘数的位数之和减去一位，即 $S=m+n-1$。

一般说来，如果被乘数与乘数的首位数字相乘不进位，则积的首位肯定落在被乘数首位的右一档上（除去上述因后几位乘加引起进位的情况），其积的位数 $S=m+n-1$。

【例 8】$2.84 \times 0.31 \to 8\ 804$

定位：被乘数与乘数的首位数字相乘，$2 \times 3=6$，不进位，故积的位数为：1 位 +0 位 -1 位 =0 位，乘积应为 0.880 4。

积首落档定位法定位快、准，尤其适用于现行普遍使用的空盘乘法，因此，值得掌握。为了便于学习和掌握，上述方法还可以概括为一句话八个字，就是"位数相加，空档减 1"。

活动二　掌握一位数乘法

一位数乘法就是乘数是一位数的乘法。一位数乘法很容易学。学好了一位数乘法，多位数乘法也就迎刃而解了，因为实际上多位数乘法是一位数乘法在不同档次上的叠加。现以使用较普遍的破头后乘法与空盘乘法为例，说明其运算方法。

一、熟背乘法九九表

乘法九九表是根据1~9九个数字分别乘以1~9九个数字编制的，计81句，又叫"大九九"口诀。（如表2-14所示）

表2-14

被乘数 乘数	一	二	三	四	五	六	七	八	九
一	一一 01	一二 02	一三 03	一四 04	一五 05	一六 06	一七 07	一八 08	一九 09
二	二一 02	二二 04	二三 06	二四 08	二五 10	二六 12	二七 14	二八 16	二九 18
三	三一 03	三二 06	三三 09	三四 12	三五 15	三六 18	三七 21	三八 24	三九 27
四	四一 04	四二 08	四三 12	四四 16	四五 20	四六 24	四七 28	四八 32	四九 36
五	五一 05	五二 10	五三 15	五四 20	五五 25	五六 30	五七 35	五八 40	五九 45
六	六一 06	六二 12	六三 18	六四 24	六五 30	六六 36	六七 42	六八 48	六九 54
七	七一 07	七二 14	七三 21	七四 28	七五 35	七六 42	七七 49	七八 56	七九 63
八	八一 08	八二 16	八三 24	八四 32	八五 40	八六 48	八七 56	八八 64	八九 72
九	九一 09	九二 18	九三 27	九四 36	九五 45	九六 54	九七 63	九八 72	九九 81

珠算传统乘法是利用此表运算的。在"大九九"口诀81句中有重复的36句，例如：三七21和七三21；六七42和七六42。后来，人们为了记忆的需要，把大数在前、小数在后的36句口诀删去不用，只剩下45句，称为"小九九"口诀。"小九九"口诀是小数字在前，大数字在后，念起来比较顺口，又称"顺九九"，如三四12、四九36等。"小九九"

口诀中乘数和被乘数数字相同的，也叫"平九九"，如三三 09、八八 64 等。反之，大数字在前，小数字在后，念起来比较逆口，称"逆九九"，如四三 12、八六 48 等。"小九九"和"逆九九"合起来称为"大九九"。

每句口诀由四个字组成，一般有以下两种读法：一种是口诀第一个字指乘数，第二个字指被乘数，第三、四个字是积的十位和个位数，此种读法适用于默念（脑记）法数的乘法（如空盘乘法），有利于提高计算速度。另一种是口诀第一个字指被乘数，第二个字指乘数，第三、四个字是积的十位与个位数，此种读法适用于默记相乘法数的乘法（如破头乘法），运算速度稍慢。

由于口诀的乘积有两位的，也有一位的，为了防止加错档次，在默念时，无论乘积是一位的，还是两位的，每句口诀一律读作四字句，例如：3×7，读作"七三 21"，而不读作"七三二十一"；3×2，读作"二三 06"，而不读作"二三得六"，0 不能丢，这里的"0"表示积的十位；5×8，读作"八五 40"，而不读作"八五四十"。所以在默念口诀时要注意其中的"0"不能丢。即在"大九九"口诀表中，无论乘积是一位数还是两位数，都以两位数进行计算。

由于"大九九"口诀在珠算乘法运算时不必颠倒乘数与被乘数的顺序，因而不易发生差错，所以必须熟练掌握"大九九"口诀。

二、了解破头后乘法的一位数乘法

一位数破头后乘法的具体运算步骤：

（1）置数：将被乘数拨在算盘左边，默记乘数。

（2）乘算顺序：将乘数从被乘数的末位起，依次与被乘数相乘，直至被乘数首位为止，相乘时默念乘数，眼看相乘位的被乘数。（如图 2-54 所示）

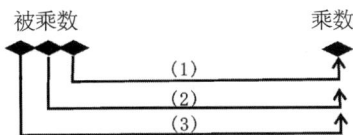

图 2-54

（3）加积档次：被乘数与乘数相乘时，被乘数的本档改为积的十位数，个位数拨在右一档；如果乘积的十位数是 0，应拨去被乘数本档数字，以空档表示 0，个位数仍拨在右一档上。

（4）定位：用公式定位法定位。

【例 9】7 265×4=29 060（如表 2-15 所示）

表2-15

拨算程序	盘 式									
	1	2	3	4	5	6	7	8	9	10
①从算盘左边第一档起拨入被乘数7 265，记住乘数4，默念口诀，随手拨积入盘	七	二	六	五						
②被乘数5与乘数4相乘：四五20	七	二	六	2	0					
③被乘数6与乘数4相乘：四六24	七	二	2	6	0					
④被乘数2与乘数4相乘：四二08	七	1	0	6	0					
⑤被乘数7与乘数4相乘：四七28	2	9	0	6	0					
⑥定位：4位+1位=5位	2	9	0	6	0					

【例10】4 397×5=21 985（如表2-16所示）

表2-16

拨算程序	盘 式									
	1	2	3	4	5	6	7	8	9	10
①从算盘左边第一档起拨入被乘数4 397，记住乘数5，默念口诀，随手拨积入盘	四	三	九	七						
②被乘数与乘数5相乘：五七35	四	三	九	3	5					
③被乘数9与乘数5相乘：五九45	四	三	4	8	5					
④被乘数3与乘数5相乘：五三15	四	1	9	8	5					
⑤被乘数4与乘数5相乘：五四20	2	1	9	8	5					
⑥定位：4位+1位=5位	2	1	9	8	5					

【例11】0.291 8×3=0.875 4（如表2-17所示）

表2-17

拨算程序	盘 式									
	1	2	3	4	5	6	7	8	9	10
①从算盘左边第一档起拨入被乘数2 918，记住乘数3，默念口诀，随手拨积入盘	二	九	一	八						
②被乘数8与乘数3相乘：三八24	二	九	一	2	4					

拨算程序	盘式									
	1	2	3	4	5	6	7	8	9	10
③被乘数 1 与乘数 3 相乘：三一 03	二	九	0	5	4					
④被乘数 9 与乘数 3 相乘：三九 27	二	2	7	5	4					
⑤被乘数 2 与乘数 3 相乘：三二 06	0	8	7	5	4					
⑥定位：0 位 +1 位 −1 位 =0 位		8	7	5	4					

三、掌握空盘前乘法的一位数乘法

（一）运算方法

空盘前乘法是采用前乘法做乘法运算时，被乘数与乘数都不拨入算盘，而是把题目放在算盘的旁边，默记乘数，眼看被乘数，用被乘数的首位至末位分别与乘数相乘，两因数首位数相乘的十位数拨在相应的档次上，个位数拨在右档上，下次乘积的十位档即在此档，个位再右移一档，依次类推。乘算顺序如图 2-55 所示。

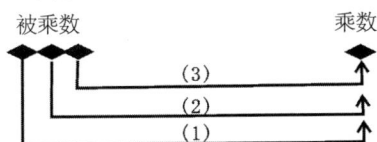

图 2-55

（二）积的定位

用公式定位法定位。

【例 12】6 358×6=38 148（如表 2-18 所示）

表 2-18

拨算程序	盘式									
	1	2	3	4	5	6	7	8	9	10
①将算盘左边第一档作为起拨档，记住乘数 6，眼看被乘数首位 6，默念口诀六六 36，随手拨积入盘	3	6								
②被乘数第二位 3 与乘数 6 相乘：六三 18	3	7	8							
③被乘数第三位 5 与乘数 6 相乘：六五 30	3	8	1	0						
④被乘数第四位 8 与乘数 6 相乘：六八 48	3	8	1	4	8					
⑤定位：4 位 +1 位 =5 位	3	8	1	4	8					

表2-19

拨算程序	盘　式									
	1	2	3	4	5	6	7	8	9	10
①将算盘左边第一档作为起拨档，心记乘数7，眼看被乘数首位8，默念口诀七八56，随手拨积入盘	5	6								
②被乘数第二位0与乘数7相乘：七零00，不拨珠	5	6								
③被乘数第三位2与乘数7相乘：七二14	5	6	1	4						
④被乘数第五位9与乘数7相乘：七九63	5	6	1	8	8	3				
⑤定位：5位+1位=6位	5	6	1	8	8	3				

四、认识隔位乘法的一位数乘法

（一）运算方法

隔位乘法是一种置数后乘法，运算时先将被乘数拨入算盘相应档次，用被乘数的末位至首位分别与乘数相乘，两因数相乘的积的十位数拨在相应的被乘数右一档次上，个位再右移一档，每乘完一位被乘数，即将被乘数本档拨掉，依次类推。

（二）积的定位

用公式定位法定位。

【例14】2 764×6=16 584（如表 2-20 所示）

表2-20

拨算程序	盘　式									
	1	2	3	4	5	6	7	8	9	10
①从算盘左边第一档起拨入被乘数2 764	二	七	六	四						
②被乘数4同乘数6相乘：六四24	二	七	六	四	2	4				
③拨去被乘数4	二	七	六		2	4				
④被乘数6同乘数6相乘：六六36	二	七	六	3	8	4				
⑤拨去被乘数6	二	七		3	8	4				

拨算程序	盘　式									
	1	2	3	4	5	6	7	8	9	10
⑥被乘数 7 同乘数 6 相乘，六七 42	二	七	4	5	8	4				
⑦拨去被乘数 7	二		4	5	8	4				
⑧被乘数 2 同乘数 6 相乘，六二 12	二	1	6	5	8	4				
⑨拨去被乘数 2		1	6	5	8	4				
⑩定位：4 位 +1 位 =5 位		1	6	5	8	4				

活动三　学会多位数乘法

多位数乘法就是被乘数与乘数是两位以上（含两位）的乘法，如 74×23，285×743 等。本节我们将介绍留头乘、破头乘、空盘乘和隔位乘四种运算方法。

一、了解留头乘法

留头乘法又叫挑心乘。用后乘法进行运算，其运算方法是将被乘数从末位至首位，分别先和乘数的首二位、三位至末位相乘，最后再和乘数的首位数字相乘破身，在被乘数的位置得出积数。（如图 2-56 所示）

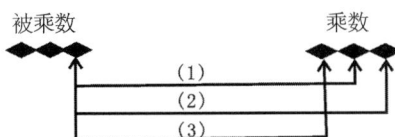

图 2-56

被乘数的末位与乘数的首二位相乘得到的积数，在被乘数末位的右一档上拨入，与乘数首三位相乘的积数，在被乘数末位的右二档上拨入……依此类推。

【例 15】836×427=356 972（如表 2-21 所示）

表 2-21

拨算程序	盘　式							
	1	2	3	4	5	6	7	8
①先将被乘数 836 拨入算盘	八	三	六					
②被乘数末位 6 同乘数后二位 27 相乘　二六 12	八	三	六	1	2			
七六 42	八	三	六	1	6	2		

拨算程序	盘 式							
	1	2	3	4	5	6	7	8
③四六 24	八	三	2	5	6	2		
④再用被乘数首二位 3 同乘数后二位 27 相乘　二三 06	八	三	3	1	6	2		
七三 21	八	三	3	3	7	2		
⑤四三 12	八	1	5	3	7	2		
⑥最后用被乘数首位 8 同乘数后二位 27 相乘　二八 16	八	3	1	3	7	2		
七八 56	八	3	6	9	7	2		
⑦四八 32	3	5	6	9	7	2		
⑧定位：3 位 +3 位 =6 位。积数为：356 972	3	5	6	9	7	2		

【例 16】37×24.18=894.66（如表 2-22 所示）

表 2-22

拨算程序	盘 式							
	1	2	3	4	5	6	7	8
①先将被乘数 37 拨入算盘	三	七						
②被乘数末位 7 同乘数后三位 418 相乘　四七 28	三	七	2	8				
一七 07	三	七	2	8	7			
八七 56	三	七	2	9	2	6		
③被乘数末位 7 同乘数首位 2 相乘　二七 14	三	1	6	9	2	6		
④再用被乘数首位 3 同乘数后三位 418 相乘　四三 12	三	2	8	9	2	6		
一三 03	三	2	9	2	2	6		
八三 24	三	2	9	4	6	6		
⑤被乘数首位 3 同乘数首位 2 相乘　二三 06	0	8	9	4	6	6		
⑥定位：2 位 +2 位 -1 位 =3 位。积数为：894.66	0	8	9	4	6	6		

　　由于留头乘法在运算时被乘数字先从首二位进行运算，最后才与首位破身，容易看准位数，不易搞错；运算时多用小九九，初学者容易掌握。但与乘数的读数顺序不一致，所以运算速度不快，而且用五珠算盘运算时，有时上珠要当"10"，很不方便。

二、知悉破头乘法

破头乘用后乘法运算时，其运算方法是用被乘数的末位至首位，分别逐位与乘数的首位至末位相乘，边乘边加上积数，在被乘数的位置得出积数。（如图 2-57 所示）

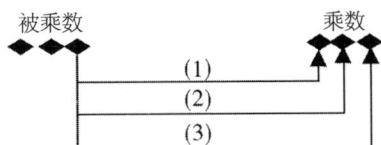

图 2-57

因第一次相乘就要破掉被乘数的本档，故叫破头乘。与本项目第二节的一位破头乘法比较，只要将被乘数与乘数的位置换一下，完全一样。被乘数与乘数首位至末位相乘其积数的拨积方法是：十位在本档，个位在右一档。

【例 17】63×2 854=179 802（如表 2-23 所示）

表 2-23

拨算程序	盘　式							
	1	2	3	4	5	6	7	8
①先将被乘数 63 拨入算盘	六	三						
②被乘数末位 3 同乘数 2 854 相乘　二三 06	六	0	6					
八三 24	六	0	8	4				
五三 15	六	0	8	5	5			
四三 12	六	0	8	5	6	2		
③被乘数首位 6 同乘数 2 854 相乘　二六 12	1	2	8	5	6	2		
八六 48	1	7	6	5	6	2		
五六 30	1	7	9	5	6	2		
四六 24	1	7	9	8	0	2		
④定位：2 位 +4 位 =6 位。积数为：179 802	1	7	9	8	0	2		

【例18】314× 4 028=1 264 792（如表2-24所示）

表2-24

拨算程序	盘式							
	1	2	3	4	5	6	7	8
①先将被乘数314拨入算盘	三	一	四					
②被乘数末位4同乘数4 028相乘　四四16	三	一	1	6				
零四00	三	一	1	6				
二四08	三	一	1	6	0	0		
八四32	三	一	1	6	1	1	2	
③被乘数首二位1同乘数4 028相乘　四一04	三	0	5	6	1	1	2	
零一00	三	0	5	6	1	1	2	
二一02	三	0	5	6	3	1	2	
八一08	三	0	5	6	3	9	2	
④被乘数首位3同乘数4 028相乘　四三12	1	2	5	6	3	9	2	
零三00	1	2	5	6	3	9	2	
二三06	1	2	6	2	3	9	2	
八三24	1	2	6	4	7	9	2	
⑤定位：3位+4位=7位。积数为：1 264 792	1	2	6	4	7	9	2	

【例19】0.243×0.185=0.449 55（如表2-25所示）

表2-25

拨算程序	盘式							
	1	2	3	4	5	6	7	8
①先将被乘数243拨入算盘	二	四	三					
②被乘数末位3同乘数185相乘　一三03	二	四	0	3				
八三24	二	四	0	5	4			
五三15	二	四	0	5	5	5		
③被乘数首二位4同乘数185相乘　一四04	二	0	4	5	5	5		

拨算程序	盘　式							
	1	2	3	4	5	6	7	8
八四32	二	0	7	7	5	5		
五四20	二	0	7	9	5	5		
④被乘数首位2同乘数185　一二02	0	2	7	9	5	5		
八二16	0	4	3	9	5	5		
五二10	0	4	4	9	5	5		
⑤定位：0位+0位−1位=−1位。积数为：0.449 55		4	4	9	5	5		

破头乘法运算是按乘数各位的自然顺序自左向右进行运算的，合乎读数的习惯和拨珠顺序，减少了隔位；同时也不需要用顶珠和底珠，运算速度较快。但由于破头乘一开始就破掉起乘档的数字，在运算过程中容易忘记被乘数的数字，因比，必须用大九九进行运算，始终把被乘数起乘档的数字念在前面，脑记乘数，手拨积数，这样既克服了上述缺点，又加快了速度，并且不至于搞错档次。

三、掌握空盘前乘法

空盘前乘法又叫不置数乘法，用空盘前乘法运算时，是将被乘数和乘数均不拨在算盘上，而是眼看被乘数，默记乘数，直接根据算题把积数拨加在算盘对应的档次上。空盘前乘的计算顺序与前面介绍的其他方法有所不同。其运算方法是先用被乘数的首位，从首位至末位，分别与乘数的各位相乘，直至乘完。（如图2-58所示）

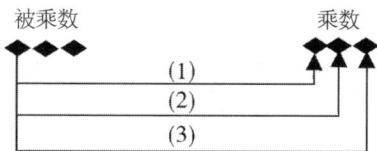

图 2-58

在本项目第二节里，我们介绍了一位数空盘前乘法，是先用乘数同被乘数的各位相乘，其道理是相同的，而且可以这样说，学会了一位数空盘前乘法，那么多位数的空盘前乘也就一点即通，只不过移动一下被乘数所乘数字的相应档次而已。即把被乘数与乘数首位相乘的十位数拨在算盘右边第一档上，个位拨在右一档，以后每乘一位乘数的十位数，同破头乘法一样，逐位向右移，直至乘完；再用被乘数的首二位与乘数各位相乘，首二位与乘数首位相乘时所得的十位数应拨在算盘左边第二档上，以后各位相乘所得的积数逐位向右移；被乘数首三位同乘数首位相乘时所得的十位数应拨在算盘左边第三档上，以后各位相乘所得的积数逐位向右移……依此类推。

【例 20】527×438=230 826（如表 2-26 所示）

表 2-26

拨算程序	盘 式							
	1	2	3	4	5	6	7	8
①被乘数首位 5 同乘数 438 相乘								
四五 20 从盘首起乘加	2	0						
三五 15	2	1	5					
八五 40	2	1	9	0				
②被乘数首二位 2 同乘数 438 相乘								
四二 08 从盘左第二档起乘加	2	2	7	0				
三二 06	2	2	7	6				
八二 16	2	2	7	7	6			
③被乘数末位 7 同乘数 438 相乘								
四七 28 从盘左第三档起乘加	2	3	0	5	6			
三七 21	2	3	0	7	7			
八七 56	2	3	0	8	2	6		
④定位：3 位 +3 位 =6 位。积数为：230 826	2	3	0	8	2	6		

【例 21】21.84×0.329 6=7.198 464（如表 2-27 所示）

表 2-27

拨算程序	盘 式							
	1	2	3	4	5	6	7	8
①被乘数首位 2 同乘数 3 296 相乘								
三二 06 从盘左第一档起乘加	0	6						
二二 04	0	6	4					
九二 18	0	6	5	8				

拨算程序	盘 式							
	1	2	3	4	5	6	7	8
六二 12	0	6	5	9	2			
②被乘数首二位 1 同乘数 3 296 相乘								
三一 03 从盘左第二档起乘加	0	6	8	9	2			
二一 02	0	6	9	1	2			
九一 09	0	6	9	2	1			
六一 06	0	6	9	2	1	6		
③被乘数首三位 8 同乘数 3 296 相乘								
三八 24 从盘左第三档起乘加	0	7	1	6	1	6		
二八 16	0	7	1	7	7	6		
九八 72	0	7	1	8	4	8		
六八 48	0	7	1	8	5	2	8	
④被乘数末位 4 同乘数 3 296 相乘								
三四 12 从盘左第四档起乘加	0	7	1	9	7	2	8	
二四 08	0	7	1	9	8	0	8	
九四 36	0	7	1	9	8	4	4	
六四 24	0	7	1	9	8	4	6	4
⑤定位：2 位 +0 位 −1 位 =1 位。积数为：7.198 464		7	1	9	8	4	6	4

【例 22】4.007×0.025 38=0.101 697 66（如表 2-28 所示）

表 2-28

拨算程序	盘 式							
	1	2	3	4	5	6	7	8
①被乘数首位 4 同乘数 2 538 相乘								
二四 08 从盘左第一档起乘加	0	8						
五四 20	1	0	0					

拨算程序	盘 式							
	1	2	3	4	5	6	7	8
三四 12	1	0	1	2				
八四 32	1	0	1	5	2			
②被乘数末位数 7 同乘数 2 538 相乘（注：被乘数中内有两个 0，不必实乘，但在加积时，要注意 0 后面的数字 7 所处的档次，处在第四档，就从左边第四档开始拨入）								
二七 14	1	0	1	6	6			
五七 35	1	0	1	6	9	5		
三七 21	1	0	1	6	9	7	1	
八七 56	1	0	1	6	9	7	6	6
③定位：1 位 +（−1 位）=0 位。积数为：0.101 697 66	1	0	1	6	9	7	6	6

由于空盘前乘在运算时不需要将被乘数或乘数布入算盘，因此减少了拨珠布数的时间，提高了运算速度；对于一些特殊的算题，可以打乱计算的固定顺序，便于使用乘法的简捷算法，如跟踪乘法、补数乘法、滚乘法、省乘法等（详见项目九乘法的简捷算法）。但因为空盘前乘少了布数这一环节，所以必须要注意看数与记数，还应熟记大九九，更应注意起乘的档次，当被乘数与乘数相乘时有小型积或中间有 0 时，更要注意，防止加错档次。所以说，空盘前乘方法虽好，速度也较快，但不熟练者也易发生错误。

四、了解隔位乘法

隔位乘法用后乘法进行运算，其运算方法是从被乘数的末位至首位，逐位分别与乘数的各位相乘。被乘数字与乘数首位相乘的积的十位数从下档拨入，个位数在其右档上，乘完整个乘数后，最后去掉该被乘数的数字，如此一直运算下去。隔位乘法同破头乘法的运算方法大致相同，只不过隔位乘法的拨积是从被乘数字的右一档拨入。

【例 23】374×7.28=2 722.72（如表 2-29 所示）

表 2-29

拨算程序	盘　式							
	1	2	3	4	5	6	7	8
①先在算盘上拨上被乘数 374	3	7	4					
②被乘数末位 4 同乘数 728 相乘	3	7	4					
七四 28				2	8			
二四 08					0	8		
八四 32						3	2	
③在算盘上拨去被乘数末位 4	3	7		2	9	1	2	
④被乘数首二位 7 同乘数 728 相乘	3	7		2	9	1	2	
七七 49			4	9				
二七 14				1	4			
八七 56					5			
⑤在算盘上拨去被乘数首二位 7	3		5	3	8	7	2	
⑥最后用被乘数首位 3 同乘数 728 相乘	3		5	3	8	7	2	
七三 21		2	1					
二三 06			0	6				
八三 24			1	2	4			
⑦在算盘上拨去被乘数首位 3		2	7	2	2	7	2	
⑧定位：3 位 +1 位 =4 位。积数为：2 722.72		2	7	2	2	7	2	

　　隔位前乘法按乘数的自然顺序读数，又免掉了一开始就脑记的麻烦，使运算趋于直观、明显，有利于进行运算。但与破头乘相比，每乘完一次乘数多了一步拨掉被乘数数字的步骤，因而速度较慢。

五、知晓乘法的练习法

（一）迅速置数、默记乘数

　　当运用置数乘法进行运算时，首先必须将被乘数拨在算盘上，故置数要快、准。一般来说，将被乘数的首位数拨在算盘左边第一档上，运算好后只需看一下算盘左边第一档上有无积数，便可确定积的位数，而且还可以提高运算速度。由于在运算时，一般都把计算题目放在算盘的左下方，缩短了算盘与计算题目之间的距离，不用转动脖颈看数字。如果采用空盘前乘运算，就要迅速将被乘数和乘数首位相乘之积拨在算盘左一档上。如 328×617，眼看 3 与 6 之积等于 18，拨入算盘，若首位相乘不进位，首档就空出。迅速置数后，为进一步加快速度，还需默记乘数。因为默记了乘数，就减少了看一次数字乘一个数字的麻烦，并且乘积在落档时按部就班，不易出错。初学时会觉得很难记住，但只要经常加以训练，掌握方法，就一定能够记住。当然，对于位数较多的（如 6 位以上），可分段记忆。记忆的方法很多，如乘数是 1 982，可以记成是 1 982 年；乘数是 2 467，可记成三位连续的偶数 2，4，6，而末位 7 与 6 连续，便可记住这四位数。当然我们要求记住乘数，是过目即能记牢，如停顿较长时间才记住，也就不是我们要讲记住乘数的目的了。用空盘乘运算时，则应该在看一下被乘数数字后迅速记住乘数。

（二）熟记大九九、摆脱大九九

从前面介绍的多位数乘法可以看到，仅用小九九运算是不行的。因为在运算过程中，有时小数字在前、大数字在后，有时大数字在前、小数字在后，如果都用小九九运算，则要经常颠倒被乘数与乘数的位置，不仅运算速度不快，而且容易发生差错。例如：7 493×6，对于 4 乘以 6，3 乘以 6，顺念口诀，但对于 7 乘以 6，9 乘以 6，就要改念成 6 乘以 7，6 乘以 9，这样一倒一顺，必然要乘一次看一次数，速度肯定快不起来，而且还容易重复乘加，发生差错。因此，要熟记大九九表。这里提供几种练习与掌握大九九表的方法。

1. 顺数一位数乘练习

$$123\ 456\ 789 \times 2=$$
$$123\ 456\ 789 \times 3=$$
$$123\ 456\ 789 \times 4=$$
$$123\ 456\ 789 \times 5=$$
$$123\ 456\ 789 \times 6=$$
$$123\ 456\ 789 \times 7=$$
$$123\ 456\ 789 \times 8=$$
$$123\ 456\ 789 \times 9=$$

2. 逆数一位数乘练习

$$987\ 654\ 321 \times 2=$$
$$987\ 654\ 321 \times 3=$$
$$987\ 654\ 321 \times 4=$$
$$987\ 654\ 321 \times 5=$$
$$987\ 654\ 321 \times 6=$$

$$987\ 654\ 321 \times 7=$$

$$987\ 654\ 321 \times 8=$$

$$987\ 654\ 321 \times 9=$$

3. 变数一位乘练习

$$147\ 258\ 369 \times 2=$$

$$147\ 258\ 369 \times 3=$$

$$147\ 258\ 369 \times 4=$$

$$147\ 258\ 369 \times 5=$$

$$147\ 258\ 369 \times 6=$$

$$147\ 258\ 369 \times 7=$$

$$147\ 258\ 369 \times 8=$$

$$147\ 258\ 369 \times 9=$$

4. 顺数二位数乘法练习

$$123\ 456\ 789 \times 18=$$

$$123\ 456\ 789 \times 27=$$

$$123\ 456\ 789 \times 36=$$

$$123\ 456\ 789 \times 45=$$

$$123\ 456\ 789 \times 54=$$

$$123\ 456\ 789 \times 63=$$

$$123\ 456\ 789 \times 72=$$

$$123\ 456\ 789 \times 81=$$

5. 逆数二位数乘法练习

$$987\ 654\ 321 \times 18=$$

$$987\ 654\ 321 \times 27=$$

$$987\ 654\ 321 \times 36=$$

$$987\ 654\ 321 \times 45=$$

$$987\ 654\ 321 \times 54=$$

$$987\ 654\ 321 \times 63=$$

$$987\ 654\ 321 \times 72=$$

$$987\ 654\ 321 \times 81=$$

6. 变数二位数乘法练习

$$356\ 987\ 421 \times 72=$$

$$356\ 987\ 421 \times 63=$$

$$356\ 987\ 421 \times 54=$$

$$356\ 987\ 421 \times 45=$$

$$356\ 987\ 421 \times 36=$$

$$356\ 987\ 421 \times 27=$$

$$356\ 987\ 421 \times 18=$$

$$356\ 987\ 421 \times 99=$$

在熟记了大九九的基础上，还要摆脱大九九。所谓摆脱大九九，就是我们在见到被乘数和乘数时，不念出其积数就能将积数拨在算盘上。例如：$9\ 462 \times 7$，以空盘乘为例，念七九，手拨 63 入盘；念七四，手拨 28 入盘；念七六，手拨 42 入盘；念七二，手拨 14 入盘。这种只念两因数而不念出其积数的方法，本身就提高了运算速度。

在有一定的熟练基础后最快可以发展到眼看被乘数和乘数就能随手拨积入盘，即见数拨珠，形成条件反射。

如 $3\ 587 \times 47$，用空盘前乘看被乘数 3 587，默记乘数 4，直拨积数 12，20，32，28 入盘；看被乘数 3 587，默记乘数 7，错一档直拨 21，35，56，49 入盘。当然，这种方法不是一口之功便可达到，需要持之以恒的练习。

（三）注意档次、运用技巧

在乘法运算中，主要是防止拨珠与落档这两个方面的错误。特别在乘积是小型积、中型积和数字间出现 0 的时候更容易发生差错。防止的办法就是做到指不离档。指不离档就是手指要指在算盘上积数的个位档，这个个位档即作为下一次乘积的十位档。一般用中指指在算盘上相应的档上。

对于小型积，手指要指在个位档。如 47×286，两因数首位相乘"二四 08"，手指要指在 8 这一档上。

对于中型积，手指要指在 0 上。如 428×537，两因数首位相乘"五四 20"，手指指在 0 这一档上。

对于乘数间出现 0 时，手指就要做相应移档。一般移档是有规律可循的，乘数中间有几个 0，其积就要往后移几档。如果移多少档还难以判断，可念出口诀进行移档。

因此，还可以得出这样的结论：当乘数中间有 0 时，0 后面的数字与被乘数相乘是大型积和中型积的，那么，乘数中间有几个 0，积的中间就比乘数中间少一个 0。

如：$8 \times 204=1\ 632$

$\qquad 8 \times 2\ 004=16\ 032$

$\qquad 8 \times 20\ 004=160\ 032$

相反，如果后面的数字与被乘数相乘是小型积的，那么，乘数中间有几个0，积的中间也有几个0。

如：4×302=1 208

4×3 002=12 008

4×30 002=120 008

明白了这些，我们在运算时，就不会再搞错档次了。

【例24】62×7 004=434 248

用空盘乘法运算如图2-59所示。

62×7 004=

```
六  七   4   2
   六  零   0   0
      六  零   0   0
         六  四   2   1
─────────────────────────
   二  七   1   4
      二  零   0   0
         二  零   0   0
            二  四   0   8
─────────────────────────
   4   3   4   2   4   8
```

图2-59

另外，在进行乘法运算时我们还要学会讨点"便宜"，尽可能减少拨珠次数或减少左右移动次数，即所谓"运用技巧"。

第一方面是选择被乘数的技巧。一般做法是：

（1）选择两因数中有效数字少的作为被乘数，如6 274×293，选择293就比选择6 274作为被乘数要少乘一次。

（2）选择两因数中有1的作为被乘数，如2 736×4 128，选择4 128作为被乘数，因当1乘以2 736时在算盘相应档次上直接拨加即可。

（3）选择两因数中有0的作为被乘数，如276×408，选择408作为被乘数，因0乘任何数在算盘上都不需实乘，可跳过一位，另外没有0也便于落档。

第二方面是运用一些明显的简便技巧，这在后面有关项目里将做专门的介绍。

（1）提前进位。目的是减少拨珠动作、提高速度。如 325×349，用空盘乘运算时，两数首位相乘虽然是小型积，三三 09，但后面 5 乘以 4 得 12，其十位与第一盘个位相加已进位，故可提前进位。再如 524×756，用置数乘法运算，当被乘数末位 4 乘以 7 得 28 与第二位 5 相乘得 20，两盘相加为 300，再用 4 乘以 6 得 24，因此，提前进位时可直接得 4×756=3 024。

（2）直接拨积。在有些计算题中，被乘数同乘数的乘积是我们较熟悉的，可以直接念出积数。如 27×1 238，当首位乘以乘数前三位 123 时，不需要念二一 02、二二 04、二三 06，而可以直接念出积数 0 246。再如 43×2 581，当首位 4 与 25 相乘，可直拨乘积 100 入盘；与 81 相乘，可直拨积数 324 入盘。

（四）迅速定位，迅速写数

乘法的定位在乘法运算中显得重要。它可以帮助检验运算过程中有无搞错位的现象，如 421×293=123 353 定位是 6 位，如积的位数计算出来是 5 位或 7 位，那么肯定就错了；还可以帮助确定带小数题目的取舍幅度，如 4.23×6.378，在算盘上运算出读数为 2 697 894，得数要保留两位小数，迅速定位本题为 2 位，故在答案上不必将全部得数都写出，只要将积写成 26.98 即可。因此，定位速度快，不但加快了运算速度，而且提高了运算的准确性。要想快速定位，需做到两点：一是将被乘数或乘数拨在固定档位上，不要随便移动；二是迅速判断被乘数与积数的位置。

写数快慢同能否加快速度紧密相连，是提高速度的最后一道关卡。如果一个题目算完，看几眼才能写出六七位的数字，显然就影响了速度的提高，因此，必须严格训练，以达到眼看盘数、手写积数，并能与定位结合起来。

任务小结

乘法是加法的简捷算法。要想熟练进行乘法运算必先熟背大九九口诀，并且要能掌握一种以上多位数乘法的运算方法，对于积的各种定位方法要能熟练运用。在练习中必须按乘法"高位乘起，对应相加"的运算法则，切记数字"0"在运算中的占位，如能熟练使用空盘前乘法进行乘法计算就更好了。相信通过大家的努力，一定能熟练掌握珠算基本乘法。

1. 如何判断数的位数？
2. 如何用积的公式定位法进行积的定位？
3. 留头乘和破头乘各有哪些优缺点？
4. 为什么要熟练掌握大九九口诀？
5. 何谓空盘前乘法？试举一例说明。
6. 谈谈珠算乘法如何练习和提高。

任务训练

乘算（保留两位小数，以下四舍五入）			
1	31×704=	11	26×29=
2	695×83=	12	378×62=
3	16×570=	13	38×540=
4	893×67=	14	89×617=
5	58×402=	15	34×26=
6	8.45×3.61=	16	3.14×2.5=
7	21×58=	17	61×32=
8	632×984=	18	46×75=
9	7.06×82.3=	19	8.01×0.13=
10	79×653=	20	726×18=

任务四 了解珠算基本除法

任务描述

除法是减法的简便算法，是加减和乘法运算的综合运用，学好除法的关键是减积。下面就让我们来计算吧！

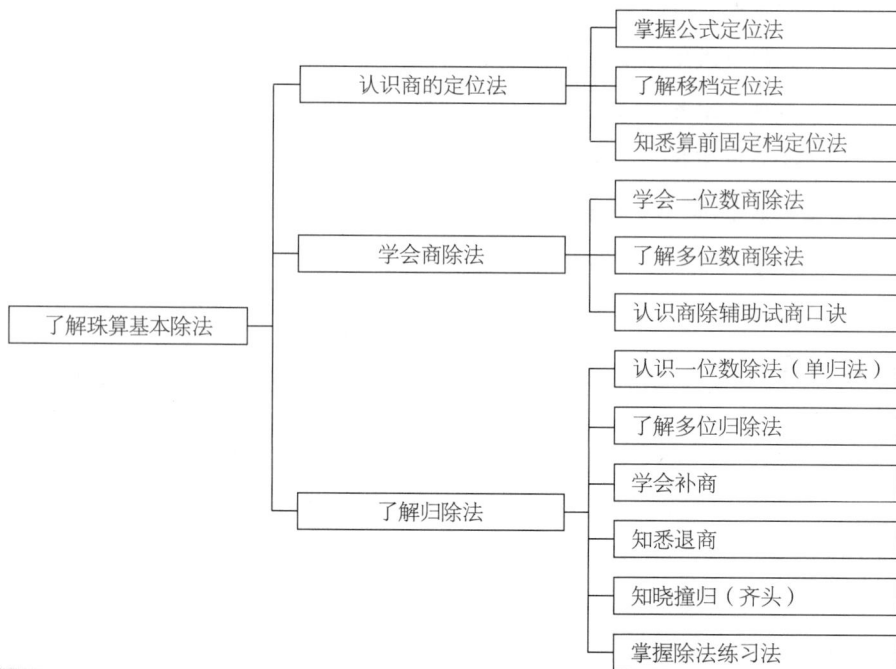

知识窗

除法就是将一个数分成若干等份，求一份是多少的方法。也就是说已知两数之积和其中一个因数，求另一个因数的运算叫除法。

[例如]

$$27 \div 3 = 9$$

被　　除　商

除　　数　数

数

其中 27 叫被除数，也叫实数；3 叫除数，也叫法数；9 叫商数。除法是乘法的逆运算，也是同数连减的简算法。

除法的种类很多，但最基本的方法有两种：一种是商除法；另一种是归除法。

活动一　认识商的定位法

在前一项目中我们介绍了乘积的三种定位方法，而商的定位法，其位数概念是与乘积定位法一样的。这里我们着重介绍以下三种定位方法。

一、掌握公式定位法

被乘数的位数 m 与乘数的位数 n 相乘，乘积的位数 S 有两种可能，即：$S=m+n$ 或 $S=m+n-1$。

根据除法是乘法的逆运算原理，m 表示被除数的位数，n 表示除数的位数，可知商的两个定位公式：

$$商的位数 = m-n \quad \cdots\cdots ①$$
$$m-n+1 \cdots\cdots ②$$

在什么情况下使用这两个公式呢？

（1）当被除数的最高位数字小于除数的最高位数字（不够除）时，即被除数整数位减去除数整数位，等于商数整数位。用公式①定位，即 $m-n$。

【例1】$200 \div 80 = 2.5$

　　　3 位 −2 位 =1 位

【例2】$2.131\ 22 \div 26 = 0.081\ 97$

　　　1 位 −2 位 =−1 位

【例3】$0.066\ 024 \div 0.091\ 7 = 0.72$

　　　1 位 −（−1 位）=0 位

（2）当被除数的最高位数字大于除数的最高位数字（够除）时，即被除数整数位减去除数整数位后再加上 1，等于商数整数位。用公式②定位，即 $m-n+1$。

【例4】$0.781\ 1 \div 10.7 = 0.073$

　　　0 位 −2 位 +1 位 =−1 位

【例5】$47.6 \div 2\ 800 = 0.017$

　　　2 位 −4 位 +1 位 =−1 位

【例6】$910\ 000 \div 91 = 10\ 000$

　　　6 位 −2 位 +1 位 =5 位

（3）若被除数的最高位数字与除数最高位数字相等，则比较其次高位数字：凡被除数次高位数字小于除数次高位数字的，用公式①定位；凡被除数次高位数字大于除数次高位数字的，用公式②定位。

【例7】$9\ 801 \div 99 = 99$

被除数与除数最高位数字均为 9（相等），故比较它们的次高位数字。被除数次高位数 8 小于除数次高位数 9，商的位数 =4−2=2（位）。商数为 99。

【例8】$0.144 \div 1.2 = 0.12$

被除数与除数最高位均为 1（相等），比较它们的次高位数。被除数次高位数 4 大于除数次高位数 2，商的位数 =0−1+1=0（位）。商数为 0.12。

（4）若被除数、除数最高位数和次高位数均相等，可以从次高位的下一位比较确定，余可类推。但若被除数与除数的有效数字完全相等，则用公式 $m−n+1$ 定位。

【例 9】100÷0.001=100 000

被除数与除数有效数字相等，无法比较确定，直接用公式 m−n+1 定位。商的位数 =3−（−2）+1=6（位）。商数为 100 000。

二、了解移档定位法

移档定位法也叫数档定位法。是按照"等档同向，零位不变"的原则，以除数的位数为准，当除数是正位数时，向左移相应档位；除数是负位数时，向右移相应档位；除数是零位数时，保持不变。

具体方法如下（以归除法为例）：

（1）除数是整数时，除数是正几位数，商数的个位就在被除数个位的左边第几档上。

【例 10】2 537.68÷48.62= 52.19（如图 2-60 所示）

【例 11】25 478÷500=50.956（如图 2-61 所示）

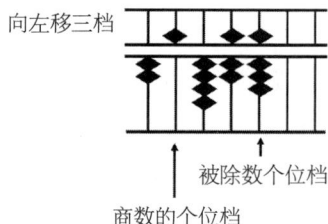

图 2-60   图 2-61

（2）除数是小数时，除数是负几位，商的个位就在被除数个位右边第几档上。

【例 12】 2.567 8÷0.004=514.195（如图 2-62 所示）

【例 13】 4.266 5÷0.000 02=213 325（如图 2-63 所示）

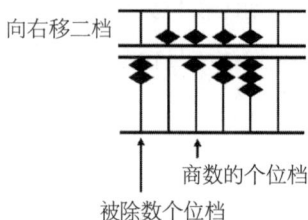
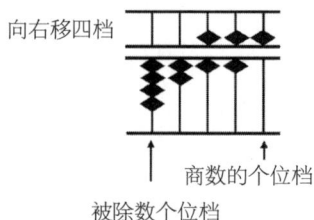

图 2-62   图 2-63

（3）除数是零位时，被除数的个位档，就是商数的个位档。

【例 14】5.46÷0.8=6.825（如图 2-64 所示）

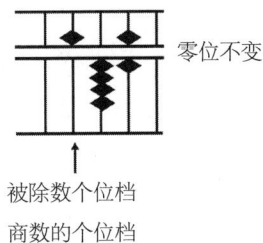

零位不变

被除数个位档
商数的个位档

图 2-64

由于商除（隔位除法）在置商时和归除法在置商时相差一个档次，按上述定位时，应向左多移一个档次。

三、知悉算前固定档定位法

算前固定档定位法的具体方法如下：

（1）在算盘梁上选好定位部位，然后标上定位标记（小数点和分节号）。（如图 2-65 所示）

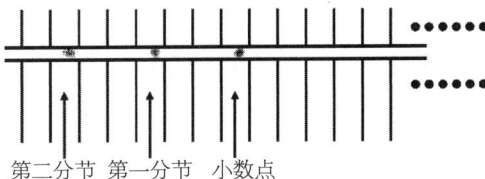

第二分节　第一分节　小数点

图 2-65

（2）不隔位除法用公式 $m-n$ 上盘，即被除数位数 m 减除数位数 n 是几位，则从几位档起布入被除数，运算后各档算珠所表示的数和梁上所标的分节和小数点照抄写成数，即为所求商数及数位。

【例 15】467.35÷2.06=

3 位 −1 位 =2 位（如图 2-66 所示）

（3）隔位除法用公式 $m-(n+1)$ 上盘。

【例 16】467.35÷2.06=

3 位 −（1 位 +1 位）=1 位（如图 2-67 所示）

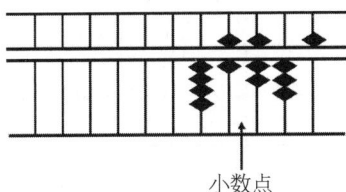

小数点

图 2-66

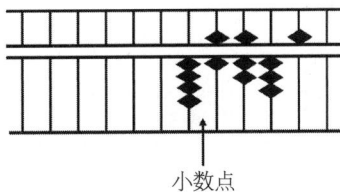

小数点

图 2-67

活动二　学会商除法

商除法是传统的珠算除法之一，产生于"归除法"之前，最初应用于"筹算"。由于它只用乘法九九乘减，有笔算除法基础的人很容易掌握。

一、学会一位数商除法

除数是一位数的除法称为一位数除法。运算方法及步骤具体如下。

（1）布数：把被除数从算盘左起第三档拨入，默记除数或将其布在盘右适当的位置。

（2）立商（也叫置商）：立商就是确定商的档位，并把商拨入算盘的过程。立商规则按照"够除隔位商，不够除挨位商"进行。所谓"够除"，是被除数从高位起截取与除数相同的数位，其数字值等于或大于除数。所谓"不够除"，是被除数从高位起截取与除数相同的数位，其数字值小于除数。

（3）试商（也叫估商）：试商就是估计被除数够除数几倍，并把试的商拨在"立商"所规定的位置上。

（4）减积：在被除数（或余数）中减去试商同除数的乘积，从商的右一档开始减。

（5）商数的记法：除尽的，算盘的数就是商数。除不尽时，根据要求的准确度多除一位，最后用四舍五入法取舍。

（6）定位：用公式定位法定位。

【例17】362÷2=181（如表2-30所示）

表2-30

拨算程序	盘 式							
	1	2	3	4	5	6	7	8
①从左起第三档布入被除数362			3	6	2			
②被除数首位3除以2，够除，估商1，按"够除隔位商"，将估商1拨在被除数首位隔一档上	一		3	6	2			
减：二一02	一		1	6	2			
③余数的首、次二位16除以2，估商8，拨在余数首位的前一档，并同除数乘减	一	八	1	6	2			
减：二八16	一	八			2			
④余数2除以2，隔位商1	一	八	一		2			
减：二一02	一	八	一					
⑤定位：3位－1位+1位=3位。商数为181	一	八	一					

【例 18】2 226÷6=371（如表 2-31 所示）

表 2-31

拨算程序	盘 式							
	1	2	3	4	5	6	7	8
①从左起第三档布入被除数 2 226			2	2	2	6		
②被除数首、次二位 22 除以 6，估商 3，挨位商 3，按"不够除挨位商"，拨在被除数首位前一档上，并同除数乘减		三	2	2	2	6		
减：六三 18		三		4	2	6		
③余数的首、次二位 42 除以 6，估商 7，拨在余数首位的前一档上，并同除数乘减		三	七	4	2	6		
减：六七 42		三	七			6		
④余数 6 除以 6，估商 1，按"够除隔位商"，拨在余数的隔一档上，并同除数相乘减		三	七	一		6		
减：六一 06		三	七	一				
⑤定位：4 位 −1 位 =3 位。商数为 371		三	七	一				

【例 19】4 248÷800=5.31（如表 2-32 所示）

表 2-32

拨算程序	盘 式							
	1	2	3	4	5	6	7	8
①从左起第三档布入被除数 4 248			4	2	4	8		
②被除数首、次二位数 42 除以 8，估商 5，按"不够除挨位商"，拨在被除数前一档上，并同除数相乘减		五	4	2	4	8		
减：八五 40		五		2	4	8		
③余数的首、次二位 24 除以 8，估商 3，拨在余数首位的前一档上，并同除数相乘减		五	三			8		
减：八三 24		五	三			8		
④余数 8 除以 8，隔位商 1		五	三	一				
减：一八 08		五	三	一				
⑤定位：4 位 −3 位 =1 位。商数为 5.31		五	三	一				

二、了解多位数商除法

除数是二位及二位以上的除法称为多位数除法。多位数商除法由于除数位数较多，在估商时难度要大一些，运算步骤也多一些。

"商除"本身包含两层意思："商"（即商量）就是比较法，估计应该立商几；"除"就是把所立的商数与法数相乘，再从被除的数中减去（即除去）。所以，在除法运算中，若估商准确就能减少或不用补商和退商，这是提高速度的关键。

在商除法的计算过程中，补商容易退商难，所以估商时一般采用"宁小勿大"的原则。

（一）法首估商法

商除法一般不用整个除数去与被除数比较估商，而是用除数的首位数字去与被除数的一位或两位比较估商，叫法首估商法。

例如：145 464÷319，用除数首位3估商。

优点：能迅速得出初商，初商一般就是确商（实商）。

缺点：用此法估商估出的初商有时比实商略大，这时需要用退商调整，或者立商时比所估商酌减1。

（二）法首加1估商法

当除数的首二位数字比较大时，用法首估商误差大，根据估商"宁小勿大"的原则，就应采用法首加1估商法。

例如：6 336÷288，用法首位2加1的"3"去估商。

优点：此种方法估商克服了采用法首估商不准确、经常需要退商的缺点，加快了运算速度。

缺点：用此法估出的商一般比实商略小，这时需要用补商进行调整，或者到最后立商时比所估商酌加1。

【例20】2 704÷26=104（如表2-33所示）

表2-33

拨算程序	盘 式							
	1	2	3	4	5	6	7	8
①从左起第三档将被除数2 704布入算盘			2	7	0	4		
②被除数首、次二位27比除数首、次二位，隔商1	一		2	7	0	4		
减：二一02	一			7	0	4		
减：六一06	一			7	0	4		

拨算程序	盘　式							
	1	2	3	4	5	6	7	8
③余数首位 1 比除数首位 2，估商 4，挨位商 4	一	零	四	1	0	4		
减：二四 08	一	零	四		2	4		
减：六四 24	一	零	四					
④定位：4 位 −2 位 +1 位 =3 位。商数为 104	一	零	四					

【例 21】9 649.2÷3.74=2 580（如表 2-34 所示）

表 2-34

拨算程序	盘　式							
	1	2	3	4	5	6	7	8
①从左起第三档布入被除数 9 649.2			9	6	4	9	2	
②被除数首位 9，比除数首位 3 够除，估商 2	二		9	6	4	9	2	
减：三二 06	二		3	6	4	9	2	
减：七二 14	二		2	2	4	9	2	
减：四二 08	二		2	1	6	9	2	
③余首位 2 比除首位 3 不够除，估商 5	二	五	2	1	6	9	2	
减：三五 15	二	五		6	6	9	2	
减：七五 35	二	五		3	1	9	2	
减：四五 20	二	五		2	9	9	2	
④余首位 2 比除首位 3，不够除；余首位、次位 29 比除首位 3，估商 8	二	五	八	2	9	9	2	
减：三八 24	二	五	八		5	9	2	
减：七八 56	二	五	八			3	2	
减：四八 32	二	五	八					
⑤定位：4 位 −1 位 +1 位 =4 位。商数为 2 580	二	五	八					

（三）补商

商除估商有时试商偏小，如采用法首加 1 估商时，这时就需要进行补商。方法是"商数加 1，隔位减去一倍除数"。

【例 22】216 875 ÷ 347=625（如表 2-35 所示）

表 2-35

拨算程序	盘　式							
	1	2	3	4	5	6	7	8
①从左起第三档布入被除数 216 875			2	1	6	8	7	5
②被除数首、次二位21比除数首位3，估商6，挨位商6，并同除数乘减		六	2	1	6	8	7	5
减：三六 18		六		3	6	8	7	5
减：四六 24		六		1	2	8	7	5
减：七六 42		六			8	6	7	5
③余数首位 8 比除数首位 3，够除，隔位商 2，并同除数乘减		六	二		8	6	7	5
减：三二 06		六	二		2	6	7	5
减：四二 08		六	二		1	8	7	5
减：七二 14		六	二		1	7	3	5
④余首次二位比除首位 3，估商 4，并同除数乘减		六	二	四	1	7	3	5
减：三四 12		六	二	四		5	3	5
减：四四 16		六	二	四		3	7	5
减：七四 28		六	二	四		3	4	7
⑤余数 347 同除数 347 相等，应补商 1，商 4 加上 1，隔位减除数		六	二	五		3	4	7
减：347		六	二	五				
⑥定位：6 位 -3 位 =3 位。商数为 625		六	二	五				

（四）退商

商除估商有时估出的商比实商略大，这时就会出现商与除数的乘积在被除数中不够减的情况，需退商，退商的方法是商数减 1，隔位加上多减的那一部分除数。例如：当商数与除数的首起第三位相乘不够减时，将商数减 1，（减 1 后的商）同除数第三位以下各位相乘减。

【例 23】30 014÷698=43（如表 2-36 所示）

表 2-36

拨算程序	盘　式							
	1	2	3	4	5	6	7	8
①从左起第三档布入被除数 30 014			3	0	0	1	4	
②被除数首次二位 30 比 6，估商 5，挨位商 5，并同除数乘减		五	3	0	0	1	4	
减：六五 30		五				1	4	
减：九五 45 不够减		五				1	4	
③当商数同除数的乘积不够减时，在初商 5 中退 1（减 1），变成 4，隔一档加还除数首位 6		四		6	0	1	4	
④再把商数 4 同除数第二位、三位的积从被除数中减去		四		6	0	1	4	
减：九四 36		四		2	4	1		
减：八四 32		四		2	0	9	4	
⑤余数首次二位 20 比除数首位 6，估商 3，挨位商 3，并同除数乘减		四		2	0	9	4	
减：六三 18		四	三		2	9	4	
减：九三 27		四	三			2	4	
减：八三 24		四	三					
⑥定位：5 位 -3 位 =2 位。商数为 43		四	三					

三、认识商除辅助试商口诀

商除简单易学，但估商较难，我们前面已介绍了法首估商法和法首加 1 估商法。下面我们对于法首估商法做进一步的介绍。

法首估商法是用除数的首位数字（法首）去与被除数的首一位或两位比较估商。对于初学者来说由于试商较难，一时想不出商数是多少。这时我们根据法首和实首之间的关系编成几句口诀进行试商。口诀如下：

二一 5

三一 3　　　　　三二 6

四一 2　　　　　四二 5　　　　　四三 7

五加倍

六加 2

七、八加 1

九商同

数近商 9

口诀的第一个中文数字代表法首，第二个中文数字代表实首，第三个阿拉伯字码代表商。下面对口诀分别加以介绍。

（1）二一 5。除数首位数是 2，被除数首位数是 1 时，估商 5。如 $120 \div 24 = 5$。

（2）三一 3，三二 6。凡除数首位数是 3，被除数首位数是 1 时，估商 3，被除数首位数是 2 时，估商 6，商大退商调减，商小补商调加。

（3）四一 2，四二 5，四三 7，凡除数首位是 4，被除数首位数是 1 时，估商 2。如 $1\,176 \div 42 = 28$，此例的首商为 2；当被除数首位是 2 时，估商 5；当被除数首位是 3 时，估商 7。

【例 24】$225 \div 45 = 5$，用口诀四二 5，估商 5。

【例 25】$336 \div 48 = 7$，用口诀四三 7，估商 7。

（4）五加倍。当除数首位数是 5 时，估商数就等于被除数首位数加倍。

【例 26】$20 \div 5 = 4$（$2+2=4$）

$\qquad 40 \div 5 = 8$（$4+4=8$）

$\qquad 30 \div 5 = 6$（$3+3=6$）

（5）六加 2。当除数首位数是 6 时，估商数为首位数加 2。

【例 27】$30 \div 6 = 5$（$3+2=5$）

$\qquad 24 \div 6 = 4$（$2+2=4$）

$\qquad 18 \div 6 = 3$（$1+2=3$）

（6）七、八加 1。当除数首位数是 7 或 8 时，估商数一般是被除数首位数加 1。

【例 28】$24 \div 8 = 3$（$2+1=3$）

$\qquad 32 \div 8 = 4$（$3+1=4$）

$\qquad 40 \div 8 = 5$（$4+1=5$）

$\qquad 14 \div 7 = 2$（$1+1=2$）

$\qquad 21 \div 7 = 3$（$2+1=3$）

$\qquad 30 \div 7 = 42$（$3+1=4$）

（7）九商同。当除数首位数是 9 时，估商数与被除数首位数相同。

【例 29】$14 \div 9 = 1 \cdots\cdots 5$

$\qquad 20 \div 9 = 2 \cdots\cdots 2$

$$34 \div 9 = 3 \cdots\cdots 7$$

（8）数近商9。当除数大于被除数且两因数相近时，一般商9。

【例30】$434 \div 468 = 9 \cdots\cdots 18$

$$396 \div 44 = 9$$

活动三 了解归除法

归除法是一种古老的传统算法，它用"九归歌""撞归歌"和"起一还原歌"指导试商、调商和整个除法运算。计算中包括"归"和"除"两个步骤。

一、认识一位数除法（单归法）

除数是一位数的除法称为"归"，除数是几就叫几归，如除数是2叫二归，是5叫五归。除数从1—9共九类口诀，称为九归口诀（九归歌）。

（一）九归口诀

"九归歌诀"也叫"九归诀"和"归法诀"。它是我国古代劳动人民在长期实践中为了提高除法计算速度，减少心算估商，根据二位除数去分别除1，2，…，9九个数字应得的一位商数或应余的余数而编出来的，所以每句口诀中，都包括除数、被除数、商数或余数，求商时可随口呼出，非常方便。

九归口诀介绍如下：

一归：逢一进1，逢二进2，逢三进3，逢四进4，逢五进5，逢六进6，逢七进7，逢八进8，逢九进9。

二归：二一改作5，逢二进1，逢四进2，逢六进3，逢八进4。

三归：三一3余1，三二6余2，逢三进1，逢六进2，逢九进3。

四归：四一2余2，四二改作5，四三7余2，逢四进1，逢八进2。

五归：五一改作2，五二改作4，五三改作6，五四改作8，逢五进1。

六归：六一下加4，六二3余2，六三改作5，六四6余4，六五8余2，逢六进1，逢双六进2。

七归：七一下加3，七二下加6，七三4余2，七四5余5，七五7余1，七六8余4，逢七进1，逢双七进2。

八归：八一下加2，八二下加4，八三下加6，八四改作5，八五6余2，八六7余4，八七8余6，逢八进1。

九归：九一下加1，九二下加2，九三下加3，九四下加4，九五下加5，九六下加6，九七下加7，九八下加8，逢九进1。

（二）口诀解释

口诀中的第一个中文数字是指除数，第二个中文数字是指被除数，阿拉伯数字是指商和余数。除数是几就叫几归。口诀可分为四类。

1. 逢几进几类

"逢"是指拨去被除数本档的算珠，"进"是指在左一档加上。当被除数首位数字大于或等于除数时用"逢几进几"口诀。

例如：6÷2=3，用口诀"逢六进3"，是二归口诀，口诀中没有表明除数是几，除数是隐含在口诀中的。这类口诀比较简单，便于理解和运算。

2. 改作类

当被除数首位数字小于除数又刚好能除尽时，运用"改作类"的口诀。"改作"是指在本档改变算珠。

例如：40÷8=5，用"八四改作5"口诀，将本档4改为5。

3. 余几类

"余几类"口诀在当被除数首位数字小于除数，同除后有余数时采用。此类口诀不易死记硬背，必须在理解的基础上背熟加以运用。

例如：　　　三　　二　　　6　　　余　　　　2
　　　　　　除　　被　　商　　　　　余
　　　　　　数　　除　　数　　　　　数
　　　　　　　　　数

即将本档的2改为6并在其后一档加上2。

这类口诀包括了除数、被除数、商数和余数，是除法口诀的基本型。

4. 下加类

当被除数首位数字小于除数，同除后商数与原被除数首位数相同，后面还有余数时，运用"几几下加几"的口诀。"下加"是指在右一档加上。

例如：20÷8=2……4，用"八二下加4"的口诀，被除数本档算珠不动，在其右一档加4。

此类口诀实际上是"几几几余几"的特殊形式。口诀可改为"几几余几"。即："六一下加4"改为"六一余4"；"七一下加3，七二下加6"改为"七一余3，七二余6"。"八一下加2，八二下加4，八三下加6"改为"八一余2，八二余4，八三余6"。"九一下加1，九二下加2，九三下加3，九四下加4，九五下加5，九六下加6，九七下加7，九八下加8"改为"九一余1，九二余2，九三余3，九四余4，九五余5，九六余6，九七余7，九八余8"。

九归口诀具有指挥拨珠的作用，规定了拨珠顺序，以及商数和余数的拨放位置。如口诀三一3余1，拨珠顺序是先立商3，然后在其右档加1。

（三）运算方法及步骤

归除法的运算方法和步骤具体内容如下：

（1）布数：一般从算盘左起第二档拨入被除数，要求默记除数。

（2）除的顺序：先用被除数的首位去除以除数，然后依次向右运算直至运算完毕。被除数的每一档用九归口诀运算一次，但当被除数首位大于除数时，用"逢几进几"口诀后，被除数首位还有余数的，这一档还要继续运用口诀求商。如9÷2，需分别用逢八进4、二一改作5两句口诀来完成。

（3）商数的记法：除尽除法即一个数除以另一个数（不为零），商是整数或有限小数的除法，算盘上的数就是商数。除不尽除法即一个数除以另一个不为零的数，商只能是无限小数（无限循环或无限不循环小数）的除法，要根据准确度要求进行四舍五入取舍。

（4）定位：用公式定位法定位。

【例31】2 436÷3=812（如表2-37所示）

表2-37

拨算程序	盘 式							
	1	2	3	4	5	6	7	8
①从盘左起第二档布入被除数2 436		2	4	3	6			
②用口诀：三二6余2，得初商6		六	6	3	6			
③逢六进2，得首商8		八	0	3	6			
④逢三进1，得商1		八	一	0	6			
⑤逢六进2，本档拨去6，前档进2		八	一	二				
⑥定位：4位-1位=3位。商数为812		八	一	二				

【例32】63 402÷6=10 567（如表2-38所示）

表2-38

拨算程序	盘 式							
	1	2	3	4	5	6	7	8
①从盘左起第二档布入被除数63 402		6	3	4	0	2		
②用口诀：逢六进1，商数变为1	一		3	4	0	2		

拨算程序	盘 式							
	1	2	3	4	5	6	7	8
③用口诀：逢六进3改作5	一	零	五	4	0	2		
④用口诀：六四6余4	一	零	五	六	4	2		
⑤用口诀：六四6余4	一	零	五	六	六	6		
⑥用口诀：逢六进1	一	零	五	六	七			
⑦定位：5位−1位+1位=5位。商数为10 567	一	零	五	六	七			

【例33】2 056÷8=257（如表2-39所示）

表2-39

拨算程序	盘 式							
	1	2	3	4	5	6	7	8
①从盘左起第二档布入被除数2 056		2	0	5	6			
②用口诀：八二下加4		二	4	5	6			
③用口诀：八四改作5		二	五	5	6			
④用口诀：八五6余2		二	五	六	8			
⑤用口诀：逢八进1		二	五	七				
⑥定位：4位−1位=3位。商数为257		二	五	七				

二、了解多位归除法

除数是两位及两位以上的除法叫多位数除法，也叫归除。"归"与"除"是两层意思和两步运算，"归"是用法首和被除的数比较，用九归口诀求得初商；"除"是根据估出的初商与除数的第二位以下各位数相乘，逐次从被除数中减去，经过这样的乘减后，初商才成为确商。然后再用同样的方法求出二商、三商……最后求出整个商数。

"归除"又称大九归，例如：除数是46时，称"四归6除"；除数是624时，称"六归24除"。

归除法可分为"基本归除""补商""退商""撞归"四种类型。

（一）基本归除

基本归除分两步运算：第一步用九归口诀求得商数；第二步是将用口诀求得的商数乘以除数第二位以下的各位数字，边乘边从被除数中减去相乘之积，简称减积。运算方法及步骤如下：

（1）布数：将被除数从算盘左边第二档起拨入，眼看除数或默记除数。

（2）试商：用九归口诀求得商数（初商），称为试商。

（3）减积：用初商去乘以除数的第二位、第三位……直至乘完除数的最末一位，边乘边从被除数中减去。（如图 2-68 所示）

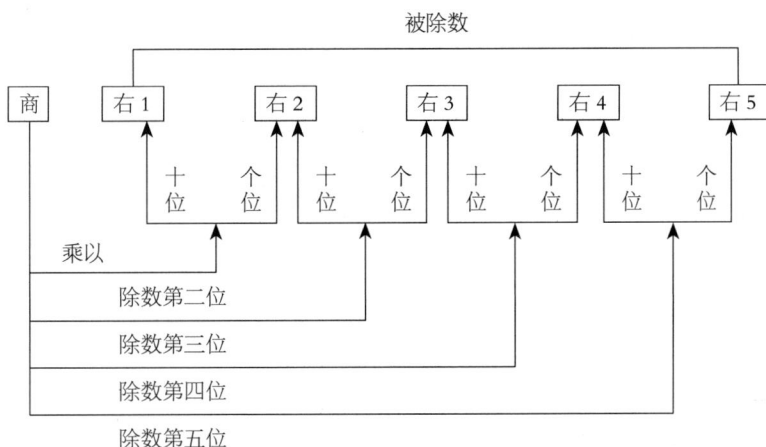

图 2-68

从上图中可以得出减积档次规律：上次减积的个位档，即是本次减积的十位档；除数是第几位，它与商的乘积的个位数就从商右面的第几档减去。

（4）商数的记法：除尽除法。算盘上的数就是商数，除不尽除法，根据准确度进行四舍五入取舍。

（5）定位：采用公式定位法进行。

【例 34】259 116 ÷ 453=572（如表 2-40 所示）

表 2-40

拨算程序	盘 式							
	1	2	3	4	5	6	7	8
①从左起第二档布入被除数 259 116		2	5	9	1	1	6	
②法首为 4，用四归口诀：四二改作 5，将实首 2 改为初商 5，再减去初商 5 和除数第二、三位相乘的积		五	5	9	1	1	6	
减：五五 25		五	3	4	1	1	6	
减：三五 15		五	3	2	6	1	6	

拨算程序	盘 式							
	1	2	3	4	5	6	7	8
③用口诀：四三7余2，将实首3改为7，右一档加上2，再减去商7和除数第二、三位相乘的积		五	七	4	6	1	6	
减：五七35		五	七	1	1	1	6	
减：三七21		五	七		9	0	6	
④用口诀：逢八进2，余首9减去8，在前档拨入2，再减去商2和除数第二、三位相乘的积		五	七	二	1	0	6	
减：五二10		五	七	二			6	
减：三二06		五	七	二				
⑤定位：6位-3位=3位。商数为572		五	七	二				

【例35】222 885÷635=351（如表2-41所示）

表2-41

拨算程序	盘 式							
	1	2	3	4	5	6	7	8
①从左起第二档布入被除数222 885		2	2	2	8	8	5	
②法首为6，六归：六二3余2		三	4	2	8	8	5	
减：三三09		三	3	3	8	8	5	
减：五三15		三	3	2	3	8	5	
③用口诀：六三改作5		三	五	2	3	8	5	
减：三五15		三	五		8	8	5	
减：五五25		三	五		6	3	5	
④用口诀：逢六进1，将被除数本档6拨去，向前档进1		三	五	一		3	5	
减：三一03		三	五	一			5	
减：五一05		三	五	一				
⑤定位：6位-3位=3位。商数为351		三	五	一				

【例 36】2.237 44÷0.874=2.56（如表 2-42 所示）

表 2-42

拨算程序	盘式							
	1	2	3	4	5	6	7	8
①从左起第二档布入被除数 2.237 44		2	2	3	7	4	4	
②法首为 8，用八归口诀：八二下加 4，实首 2 不动，在其下档加 4，再减去初商 2 和除数第二、第三位相减的积		二	6	3	7	4	4	
减：七二 14		二	4	9	7	4	4	
减：四二 0 八		二	4	8	9	4	4	
③用口诀：八四改作 5，将实首 4 改为 5，再减去商 5 和除数第二、三位相乘的积		二	五	8	9	4	4	
减：七五 35		二	五	5	4	4	4	
减：四五 20		二	五	5	2	4	4	
④用口诀：八五 6 余 2		二	五	六	4	4	4	
减：七六 42		二	五	六		2	4	
减：四六 24		二	五	六				
⑤定位：1 位 -0 位 =1 位。商数为 2.56		二	五	六				

（二）学会补商

归除法用口诀试商，若一次求出初商准确不用变更，叫一次定商。而用口诀试商，有时二次试商会过小，这就需要用补商的方法，补商有两种情况：一种是用口诀试商后商数的右一档数较大（满十或超十），在乘减前就能判断出应该补商，这时应直接用"逢几进几"口诀进商，然后再乘减；另一种是在乘减前不能判断出是否要补商，乘减以后发现余数大于除数，这时需用"逢几进几"口诀补商后再乘减，或者商数加 1 补商，隔位减除数一次。

【例 37】0.989÷4.3=0.23（如表 2-43 所示）

表 2-43

拨算程序	盘式							
	1	2	3	4	5	6	7	8
①从左起第二档布入被除数 989		9	8	9				
②用口诀：逢八进 2	二	1	8	9				

拨算程序	盘　式							
	1	2	3	4	5	6	7	8
减：三二06	二	1	2	9				
③用口诀：四一2余2	二	二	4	9				
减：三二06	二	二	4	3				
④用口诀：逢四进1，补商1，得商3	二	三		3				
减：三一03	二	三						
⑤定位：0位-1位+1位=0位。商数为0.23	二	三						

【例38】1 968÷82=24（如表2-44所示）

表2-44

拨算程序	盘　式							
	1	2	3	4	5	6	7	8
①从左起第二档布入被除数1 968		1	9	6	8			
②用口诀：八一下加2，实首1不动，右一位加2，超十，动用顶珠。如为上下四珠算盘，无顶珠做辅记，为11		一	11	6	8			
③11大于除数首位8，继续用口诀：逢八进1		二	3	6	8			
减：二二04		二	3	2				
④用口诀：八三下加6		二	三	8	8			
减：三二06		二	三	8	2			
⑤用口诀：逢八进1		二	四		2			
减：二一02		二	四					
⑥定位：4位-2位=2位。商数为24		二	四					

（三）知悉退商

当用九归口诀试商时，试得初商后，遇到余数不够减初商与除数第二位及以下各位的乘积时，说明初商偏大，这时就要调减初商叫"退商"。退商有下面两种情况。

1. 退商歌

如果用口诀求得试商后，一开始就发现初商过大，要用"退商歌"退商，古代称"退商歌"为"起一回原歌"。它有九句口诀：

一归：无除退一下还 1

二归：无除退一下还 2

三归：无除退一下还 3

四归：无除退一下还 4

五归：无除退一下还 5

六归：无除退一下还 6

七归：无除退一下还 7

八归：无除退一下还 8

九归：无除退一下还 9

口诀的"几归无除退一下还几"的意思是：在做归除法中，法首是几，立初商后在余数中不够减初商与法商第二位的乘积时，就从初商中减掉 1（即退一），在商数的下档加上法数的首数（即下还几）。

【例 39】2 242÷59=38（如表 2-45 所示）

表2-45

拨算程序	盘 式							
	1	2	3	4	5	6	7	8
①从左起第二档布入被除数 2 242		2	2	4	2			
②用口诀：五二改作 4		四	2	4	2			
③减：四九 36，不够减，说明初商过大需退，用口诀：无除退一下还 5，初商 4 减去 1，下档还 5		三	7	4	2			
减：三九 27		三	4	7	2			
④用口诀：五四改作 8		三	八	7	2			
减：八九 72		三	八					
⑤定位：4 位 -2 位 =2 位。商数为 38								

2. 归除退商

归除退商可能在求商时的第一位发生，也可能在乘减的过程中发现初商过大不够减，不论是在乘减到哪一位发现不够减，都要"退商"，即从初商中减掉"1"，并在余数中加上已被减过的那一部分除数，然后再用减过的商数乘尚未减过的除数，从余数中继续减掉，这种退商又叫中途退商。

【例40】22 302÷378=59（如表2-46所示）

表2-46

拨算程序	盘　式							
	1	2	3	4	5	6	7	8
①从左起第二档布入被除数22 302		2	2	3	0	2		
②用口诀：三二6余2		六	4	3	0	2		
减：七六42		六		1	0	2		
减：八六48，不够减		六		1	0	2		
③退商：商数减1，加上除数37，再减去商5乘以8的积数		五	3	8	0	2		
减：八五40		五	3	4	0	2		

注：此题的下一步将用到撞归口诀，在下文介绍，在此省略。

（四）知晓撞归（齐头）

在归除法中，有时实、法首位相同，称为"齐头"，但以下位实小于法，如35÷37，48÷49等，这时就要使用"撞归"。撞归口诀如下：

一归：见一无除作91

二归：见二无除作92

三归：见三无除作93

四归：见四无除作94

五归：见五无除作95

六归：见六无除作96

七归：见七无除作97

八归：见八元除作98

九归：见九无除作99

口诀中的"见几无除"是指当被除数和除数的首位数相同，但被除数的第二位数小于除数的第二位数（有时第二位也相同，而第三位被除数小于除数，余类推），这时若逢几进1，必不够减（即无除）。"作九几"是指这时不能进1，应改作"九几"（本档改商为9，把余数加在下档）。

【例 41】65 475÷675=97（如表 2-47 所示）

表2-47

拨算程序	盘　式							
	1	2	3	4	5	6	7	8
①从左起第二档布入被除数 65 475		6	5	4	7	5		
②实、法首为 6，齐头：见六无除作 96，下档满十记十		九	11	4	7	5		
减：七九 63		九	5	1	7	5		
减：五九 45		九	4	7	2	5		
③六四 6 余 4 记十		九	六	11	2	5		
④补商：逢六进 1		九	七	5	2	5		
减：七七 49		九	七		3	5		
减：五七 35		九	七					
④定位：5 位 -3 位 =2 位。商数为 97		九	七					

三、掌握除法练习法

（一）选择合适的方法

前面我们介绍了两种基本除法：商除和归除。那么选择哪种方法来练习更好呢？商除和归除在方法上各有什么优缺点呢？

1. 商除法的优点

（1）商除法是古老的求商方法，它只用九九乘法口诀乘减，易于学习和掌握。

（2）商除法对算盘没用特定的要求，即使是用上二下五珠算盘计算也不用顶、底二珠。

（3）不用口诀，意味着不死搬硬套，心算求商，回旋余地较大，对提高脑力有很大帮助。

（4）一旦掌握求商规律，一次试商成功，其求商准确、运算速度快的优势将能得到充分发挥，是其他运算方法无法比拟的。

2. 商除法的缺点

（1）商除法用被除数和除数比较估商，对初学者来说，在做多位数除法时，达到估商完全准确比较困难，易估商不准或调商更繁。

（2）商数不是用被除数改成，而是另立一处，增加了运算手续，又较归除法多了商数与除数首位相乘再从被除数中减去其积的过程。

（3）由于商除需隔档立商，增加了隔位、跳位，会影响效率。

3. 归除法优点

（1）归除法求商数，可用歌诀随口呼出，不用心算估商、定商。

（2）归除法的商数，由被除数改成，不像商除法商数另立一处；同时归除法还省去了商数与除数首位相乘再从被除数中减去其积的过程。

（3）归除法用起一回原法调商，比商除调商容易。

4. 归除法缺点

（1）学习归除法，事先须熟背归除口诀61句、撞归歌和退商歌，口诀不但难记且易混，不易学习和掌握。

（2）归除法和笔算联系不大，就是熟悉笔算除法的人，学习归除法也要另起炉灶，从头学起。

（3）归除法只归一位，多位除法依靠乘减，因而位数越多，效率越低。

（4）归除法做除法运算时，常用顶、底二珠，有时七珠算盘尚不足用，还需"悬珠当十"或"欠珠默记"，容易出错。

综上所述：归除、商除各有其优缺点，归、商孰优之争由来已久。随着社会经济、文化的发展，商除法以其简单明了、易于理解、便于学习的优点，而为人们广泛采用。

（二）迅速估商

无论是商除还是归除都存在着试商的快慢问题，这是能否提高除法运算速度的关键。商除试商主要依靠心算，要"算前位，顾后位"，提高心算两位数除以一位数、三位数除以两位数的能力。两位数除以一位数的心算速度，在于乘法大九九口诀的熟练程度如何：三位数除以两位数的心算速度，则取决于一位数乘以两位数的心算能力，能熟背乘法双九九口诀则更好。只有这样，才能一次求得确商，不需补商和退商，提高商除法的运算速度。

归除法运算必须熟背九归口诀，口诀的熟练可以通过以下的一位数乘除还原练习来达到。

1. 顺数一位数乘除还原练习

123 456 789×2 → 246 913 578÷2 → 123 456 789

123 456 789×3 → 370 370 367÷3 → 123 456 789

123 456 789×4 → 493 827 156÷4 → 123 456 789

123 456 789×5 → 617 283 945÷5 → 123 456 789

123 456 789×6 → 740 740 734÷6 → 123 456 789

123 456 789×7 → 864 197 523÷7 → 123 456 789

123 456 789×8 → 987 654 312÷8 → 123 456 789

123 456 789×9 → 1 111 111 101÷9 → 123 456 789

练习的方法是：被乘数总是 123 456 789，乘以 2 ～ 9 中任一数，再用得出的积除以这个数，答数必然是 123 456 789。按照这样的方法反复练习达到熟练。

2. 逆数一位数乘除还原练习

987 654 321 × 2 → 1 975 308 642 ÷ 2 → 987 654 321

987 654 321 × 3 → 2 962 962 963 ÷ 3 → 987 654 321

987 654 321 × 4 → 3 950 617 284 ÷ 4 → 987 654 321

987 654 321 × 5 → 4 938 271 605 ÷ 5 → 987 654 321

987 654 321 × 6 → 5 925 925 926 ÷ 6 → 987 654 321

987 654 321 × 7 → 6 913 580 247 ÷ 7 → 987 654 321

987 654 321 × 8 → 7 901 234 568 ÷ 8 → 987 654 321

987 654 321 × 9 → 8 888 888 889 ÷ 9 → 987 654 321

3. 变数一位数乘除还原练习

当顺数和逆数还原练习熟练以后，可以改变被除数的数字顺序，如将 123 456 789 改为 147 258 369，被乘数仍然是原来的数字组合而成的，所以可由练习者任意组合来练习。试举一例：

469 185 732 × 2 → 938 371 464 ÷ 2 → 469 185 732

469 185 732 × 3 → 1 407 557 196 ÷ 3 → 469 185 732

469 185 732 × 4 → 1 876 742 928 ÷ 4 → 469 185 732

469 185 732 × 7 → 3 284 300 124 ÷ 7 → 469 185 732

469 185 732 × 8 → 3 753 485 856 ÷ 8 → 469 185 732

469 185 732 × 9 → 4 222 671 588 ÷ 9 → 469 185 732

4. 顺数二位数乘除还原练习

123 456 789 × 18 → 2 222 222 202 ÷ 18 → 123 456 789

123 456 789 × 27 → 3 333 333 303 ÷ 27 → 123 456 789

123 456 789 × 36 → 4 444 444 404 ÷ 36 → 123 456 789

123 456 789 × 45 → 5 555 555 505 ÷ 45 → 123 456 789

123 456 789 × 54 → 6 666 666 606 ÷ 54 → 123 456 789

123 456 789 × 63 → 7 777 777 707 ÷ 63 → 123 456 789

123 456 789 × 72 → 8 888 888 808 ÷ 72 → 123 456 789

123 456 789 × 81 → 9 999 999 909 ÷ 81 → 123 456 789

5. 逆数二位数乘除还原练习

987 654 321 × 18 → 17 777 777 778 ÷ 18 → 987 654 321

987 654 321 × 27 → 26 666 666 667 ÷ 27 → 987 654 321

987 654 321 × 36 → 35 555 555 556 ÷ 36 → 987 654 321

987 654 321 × 45 → 44 444 444 445 ÷ 45 → 987 654 321

987 654 321 × 54 → 53 333 333 334 ÷ 54 → 987 654 321

987 654 321 × 63 → 62 222 222 223 ÷ 63 → 987 654 321

987 654 321 × 72 → 71 111 111 112 ÷ 72 → 987 654 321

987 654 321 × 81 → 80 000 000 001 ÷ 81 → 987 654 321

（三）学会默记除数

看数、记数的本领是珠算学习者必须学会的基本功。除法运算如果能记住除数，不仅求商快，而且求商后乘减时就显得容易且速度快。一般要求在布被乘数摸盘的时候，眼看除数并在最快的时间内记住除数，被除数一布完就能立即全身心地投入计算。

（四）快速定位，准确写数

除法定位一般采用公式定位法。即被除数位数减去除数位数，关键在于是否加1。如何快速准确地判断是否加1呢？一般是把被除数从固定的档位拨入，商除法从盘左第三档起拨入，归除从盘左第二档拨入，运算完毕看商数落在哪一档，如第一档无数。定位时只将被除数的位数减去除数的位数即可；如第一档有数字则被除数的位数减去除数的位数后再加1。商数相对于积数来讲位数少，抄写时要能在盯盘写数的同时考虑定位。

✍ **任务小结**

除法的运算方法很多，一般来说，商除法是最古老的不用口诀、心算求商的方法，它和笔算的方法基本相同，易于学习和掌握。在除法运算过程中，必须遵循置商原则和运算法则，并注意商为小数时的运算。初学者只要深入研究商除法估商的方法就能够快速进行商除法的运算，对于速度有更高要求的选手可以尝试改商除法等方法。

❓ **任务思考题**

1. 如何用移档定位法进行商的定位？

2. 如何理解"够除"和"不够除"？

3. 商除法和归除法在估商和减积方面各有哪些优缺点？

4. 判断题（下面的说法对的在后面括号里画"√"，错的画"×"）。

（1）在珠算除法中，被除数简称实，除数简称法。（　　　）

（2）一位数除法是多位数除法的基础。（　　　）

（3）公式定位法就是用比较实、法的大小并用公式来定位的一种方法。（　　　）

（4）商的定位法选用应与积的定位法相一致。（　　　）

（5）除法既是同数连减的简捷算法，又可以看作是乘法的逆运算。（　　　）

🎗️ 任务训练

	除法（除不尽保留两位小数）			
1	2 240 ÷ 64 =		11	754 ÷ 29 =
2	3.58 ÷ 0.60 =		12	263.4 ÷ 17 =
3	6 272 ÷ 196 =		13	20 520 ÷ 540 =
4	23 900 ÷ 50 =		14	54 913 ÷ 89 =
5	4 680 ÷ 78 =		15	26.42 ÷ 34 =
6	23 715 ÷ 85 =		16	2 898 ÷ 46 =
7	17 520 ÷ 40 =		17	5 796 ÷ 69 =
8	3.50 ÷ 7.5 =		18	4 896 ÷ 72 =
9	6 280 ÷ 157 =		19	3 572 ÷ 94 =
10	5 520 ÷ 92 =		20	28 670 ÷ 47 =

🏃 项目小结

珠算是用算盘进行计算的一门科学。珠算的内涵和外延均包涵了珠算、心算、珠心算、珠脑算。本项目介绍了珠算的基础知识、珠算基本加减法、珠算基本乘法和除法，项目重点任务就是要熟练珠算拨珠指法，掌握珠算加减法的运算，只有不断地加强练习才能更好地掌握珠算技能。

项目三 学会点钞与计算利息

认知目标

1. 认识点钞的方法和技术。
2. 知悉点钞机的应用。
3. 了解真假钞票的鉴别方法。

技能目标

1. 掌握钞票的捆轧等操作技能。
2. 掌握手工点钞的常用方法。
3. 能够使用机器点钞。

素养目标

1. 具有财经工作基本素质。
2. 具备鉴别钞票真假的能力。

任务一 掌握点钞方法和技术

任务描述

点钞是会计尤其是出纳人员必备的基本技能之一，技能的训练在于熟能生巧，要把掌握点钞技术当作是一种习惯及自己以后赖以生存的手段来进行学习和训练。

任务分解

```
                                    ┌─ 熟练捆扎钞票 ─┬─ 简单捆扎法
                                    │              └─ 快速捆扎法
                                    │
                                    │              ┌─ 手按式单张点钞法
                                    │              ├─ 手按式双张点钞法
                                    │              ├─ 手持式单张点钞法
                                    │              ├─ 手持式双张点钞法
                                    ├─ 掌握点钞方法 ─┼─ 手持式四张点钞法
 掌握点钞方法和技术 ─┤              ├─ 手持式五张点钞法
                                    │              ├─ 手持式四指拨动点钞法
                                    │              ├─ 手持式五指拨动点钞法
                                    │              ├─ 扇面点钞法
                                    │              └─ 混合点钞法
                                    │
                                    ├─ 认识人民币特征 ┬─ 认识人民币
                                    │               ├─ 知悉人民币特征
                                    │               └─ 识别人民币
                                    │
                                    └─ 知悉票币计算 ─┬─ 认识票币算
                                                    └─ 知悉票币计算方法
```

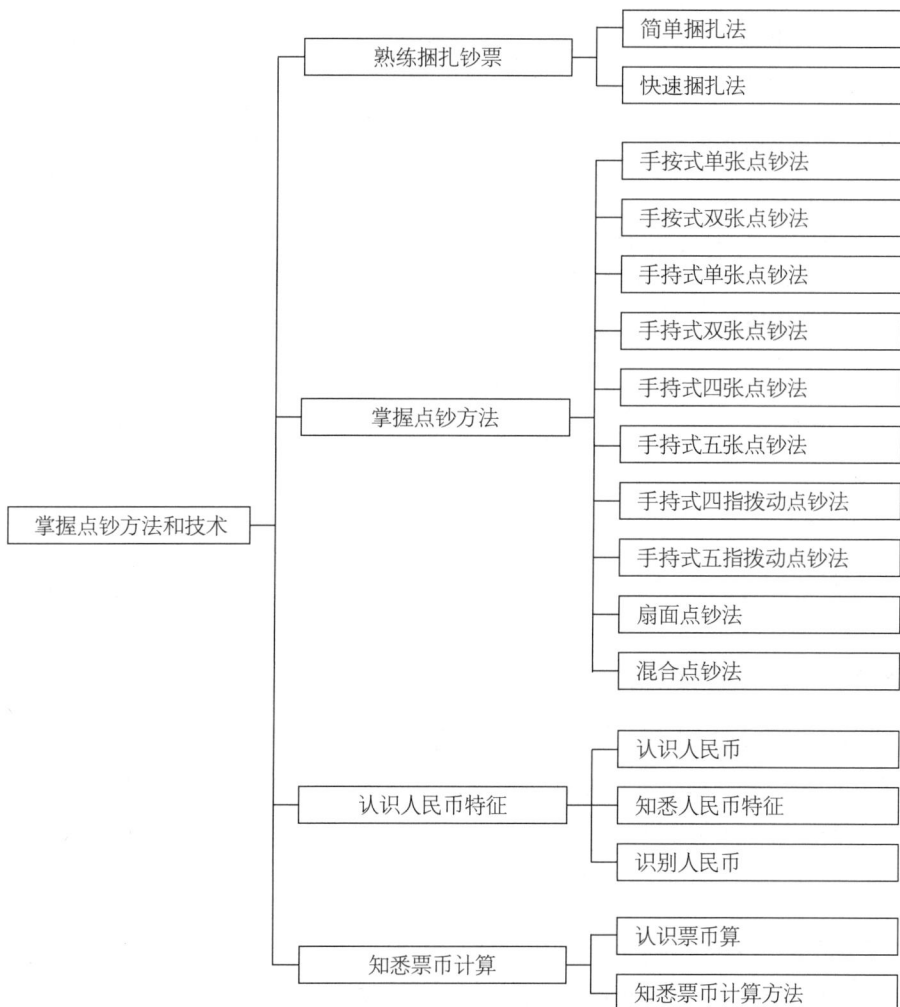

　　我国现行流通的人民币共有 13 种，计壹佰捌拾捌元捌角捌分（￥188.88）。面额分别为壹佰元、伍拾元、贰拾元、拾元、伍元、贰元、壹元、伍角、贰角、壹角、伍分、贰分、壹分。由于钞票种类繁多，因此熟练掌握点钞的方法和技术是财经工作者，特别是出纳、会计必须具备的业务技能之一，只有熟练地掌握点钞技术，才能在收款付款、结账缴款等项出纳工作中，尽可能地减少差错、事故的发生，提高工作效率。

活动一　熟练捆扎钞票

　　由于钞票种类较多，在收款、付款工作中，应先将钞票按不同票面额分别加以整理归类，整理时注意残次票应单独存放，清点时应以相同面额 100 张为一组，以便交款点验。

钞票的捆扎方法有两种。

一、简单捆扎法

将钞票在桌上顿齐、横立，左手拇指在前，中指、无名指和小拇指在后捏住钞票。右手将裁好的扎钞条交由左手食指按住，长的一端在前，短的一端在后，再用右手拇指、食指夹住扎钞条长的一端，由上向下、由里向外缠绕一圈至钞票背面，再将扎钞条短的一端拉下，使两个纸头在票后合拢并拉紧，用左手转动钞票，以便将合拢的扎钞条拧好，最后将合拢的条头掖在扎钞条下面。

钞票的捆扎

二、快速捆扎法

将钞票顿齐后持在左手，拇指在钞票前面，中指、无名指和小拇指从后面夹住钞票，食指从钞票中间分开一条缝，右手将扎钞条一端插入缝内，另一端由里向外缠绕一周，将余下的扎钞条头沿票面的一边向上翻折掖在扎钞条下面。

活动二　掌握点钞方法

一、手按式单张点钞法

清点钞票

这种点钞方法是点钞中最普遍、最简单的方法之一。由于此种方法简单易学，既适用于出纳人员整点各种新旧、大小票，也适用于一般场合中的现金交易。这种方法的优点是便于清点各种票面额的钞票及整理残次票，对识别票面额较大的假票也有帮助。缺点是整点速度慢，劳动强度大。

（一）按票的姿势

将钞票顿齐横放在桌子中央部位，左手放在钞票偏左的位置上，用中指、无名指和小拇指按住钞票，右手放在钞票偏右的位置上，拇指托起一部分钞票，做好点票的准备。（如图 4-1 所示）

图 4-1

（二）翻票和记数

用右手食指在专用海绵蘸水缸蘸水后向下捻动钞票，大拇指向上托起，辅助食指动作，每翻起一张，左手拇指即向上推送并由食指和中指夹住（如图 4-2 所示），重复以上动作，直至点完为止。每翻起一张钞票数一下，从 1 数到 100 为一组。或者采用只记十位数，即将 10 念 1、20 念 2、30 念 3……90 念 9、100 念 10。

图 4-2

二、手按式双张点钞法

采用双张点钞法比单张点钞速度快些，但不便于清点新旧票及残次票。

（一）按票的姿势

将钞票顿齐放在桌子中央，左手放在钞票偏左的位置上，并用中指、无名指和小拇指压住，右手大拇指托起右下角一部分钞票。（如图 4-3 所示）

图 4-3

（二）翻票和记数

右手食指和中指蘸水，中指捻起第一张钞票，食指随即捻起第二张。捻起的两张钞票由左手拇指向上推送并由食指和中指夹住，重复以上动作直至点完为止。记数时每翻起两张钞票心中默数一下，从 1 数到 50 即可。

三、手持式单张点钞法

（一）持票的姿势

将钞票在桌面上顿齐后，用左手中指和无名指夹住钞票底端的中间部位，食指按在钞票背面左端中间，拇指按在票前面左端中间。（如图4-4所示）

手持式单指
单张点钞

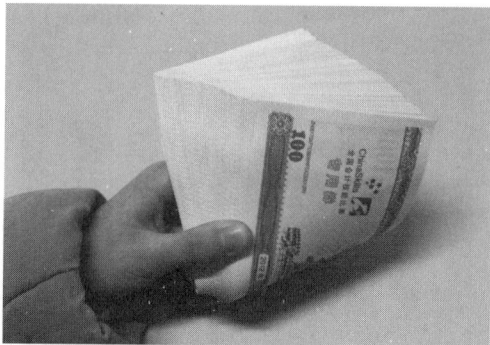

图4-4

（二）点钞法

将右手拇指、中指和食指三个指头蘸水以做好点钞准备，用右手拇指和食指夹起钞票的右上角，并用拇指突出部位用力往右捻动，食指配合，使钞票的右上角错开，形成微扇面形（如图4-5所示），既便于翻票点数，又利于清点残次票。

图4-5

（三）翻票与记数

右手拇指向下捻动钞票的右上角，同时食指在钞票背面顶住钞票并配合拇指捻动，无名指将捻起的钞票由上向下弹落。中指和小拇指自然弯曲，以不影响其他手指动作为要。一边捻点，一边记数，为保证捻点的速度，捻动的幅度要适中，记数时可采用从1，2，3直到100的方法，也可用将10念1、20念2……90念9的方法。

点钞的记数方法

四、手持式双张点钞法

（一）持票的姿势

左手持票将钞票在桌面上顿齐后，采用左手持票的方法，详见手持式单张点钞法。（如图 4-6 所示）

图 4-6

（二）翻票与记数

右手拇指用力从钞票的右上角捻动钞票，使钞票露出两张，食指和中指这时配合拇指捻动，将捻起的两张钞票用无名指勾起弹向怀里，即完成一次动作，重复以上动作直至点完为止。记数时以两张为一组，从 1 数到 50 就是 100 张。

五、手持式四张点钞法

采用此种方法适宜于整点大量钞票，一般先将钞票清点整理一下，挑出残次票后再进行大批量的整点。

（一）翻票

左手持票，右手捻点。右手拇指用力从钞票的右下角往下捻动，使钞票露出四张，食指和中指在票后再捻动。左手拇指在右手拇指捻动的同时稍微抬起，使钞票弯曲拱起且从侧翼错开，这样便于看清张数。右手拇指向下拨钞，无名指勾起钞票向怀里弹的同时，左

图 4-7

手持式四指四张
点钞的起钞与点钞

手持式四指四张
点钞的捆扎

手持式四指四张
点钞的记数

手拇指抬起使钞票下落。（如图 4-7 所示）

（二）记数

采用四张为一组记数，从 1 数到 25 即为 100 张。

六、手持式五张点钞法

这种方法也是点钞中常用的方法之一，它的速度比四张点钞法快一些，缺点是不利于清点残次票。

（一）翻票

右手拇指用力从钞票的右上角捻动钞票，使钞票露出五张，食指和中指这时配合拇指捻动，将捻起的五张钞票用无名指勾起弹向怀里，即完成一次动作，重复以上动作直至点完为止。（如图 4-8 所示）

图 4-8

（二）记数

采用五张为一组记数，从 1 数到 20 即为 100 张。

七、手持式四指拨动点钞法

四指拨动点钞法是快速点钞法的一种，特别适合于收款、付款复核工作，以及点钞技术比赛和表演等，是出纳人员应该具备的基本技能之一。其优点是省时、省力、效率高，缺点是不便于清点残次票。

（一）持票的姿势

将钞票在桌面顿齐，用左手夹住钞票一端，即用无名指、小拇指放在钞票正面，其余三指放在钞票背面使钞票一端弯曲成弧形，钞票下端夹在无名指和小拇指中间，上端弯曲后从虎口露出来，并用大拇指和食指卡住。

（二）拨票与记数

右手大拇指配合左手顶住钞票下滑的幅度，其余四指蘸水后，依次按小指、无名指、中指和食指的次序每指一张拨动钞票的右上角，即完成一次拨动，重复以上动作，左右两手相互配合。记数时每指拨动一张。

八、手持式五指拨动点钞法

（一）持票的姿势

持票时用左手的中指和无名指的指缝（手指要弯曲着）夹住钞票底端中间，食指与拇指从钞票两侧伸出，夹住钞票稍成弧形。

（二）点票法

右手指蘸水，点数时右手拇指往外拨（下方）钞票的左上角，然后按食指、中指、无名指、小指的顺序向怀里（下方）拨动钞票右上角（即弧形面）到小指收尾，再循环做上面的动作，点完为止。

（三）记数

采用分组记数法，每五张为一组，记一个数，共计20次为100张。

九、扇面点钞法

这种方法由于一次可点五张、十张，甚至更多张数，所以其速度是所有点钞方法中最快的。由于要求速度快，所以不便于清点残次票，一般适用于点钞技术比赛等项工作。

（一）打扇面

将钞票在桌面顿齐，钞票竖起，用左手和右手配合夹住钞票下端，左右手大拇指在票前，其余手指在票后夹紧钞票。打扇面时以左手为轴，右手食指将钞票向左下方弯压，迅速向右方闪抖，同时右手大拇指向左，食指、中指向右拧动钞票。左手配合顺着右手拧动的劲力，拇指向右，食指、中指向左上方拧动，迅速地将扇面整齐均匀打开。如不均匀，可重新按上述方法做一遍或是用右手将不均匀的地方调整一下。（如图4-9所示）

图 4-9

（二）点票与记数

这种点票方法速度快，一般是按每五张点一次或每十张点一次。最快的有每次二十张，即观察点钞法。扇面打开后，一种点票的方法是用右手拇指从打开的扇面上方，一次按下五张，并用食指轻轻按住，其余手指托在票面背后，即为一次点数，然后拇指再依前述动作轻轻上移，直至点完。记数时以每次五张为一组，从 1 数到 20 即为 100 张。一种方法是右手大拇指每次按下十张，并用食指轻轻按住，重复上述动作，直至点完。（如图 4-10 所示）记数时每十张为一组，从 1 数到 10 即为 100 张。

图 4-10

再一种方法是每二十五张为一组，即用右手的小拇指、无名指、中指、食指和大拇指每次每指轻按五张，共二十五张。右手按点，左手应随着向前移动的幅度做相应的配合，一次动作结束后，以大拇指为分界线，大拇指轻压住最后五张钞票，右手手腕抬起将其余四指向前移动，使小拇指在大拇指前按住五张钞票，其余手指依次向前动作，直至点完。记数时采用每二十五张为一组，从 1 数到 4，共 4 次，为 100 张。（如图 4-11 所示）

图 4-11

十、混合点钞法

由于票面额种类繁多，出纳人员在结账时一定要按票面额大小顺序整点好，先整点大面额的钞票，并将其数额拨在算盘相应档位上，再依次将其余的各种类钞票按数额大小拨在算盘上得出总数。

知识窗

全国职业院校技能大赛（中职组）
会计技能之点钞竞赛规则及评分标准

一、点钞比赛竞赛规则

1. 比赛设现场裁判若干名，计时员1名。单指单张和多指多张各5分钟。

2. 比赛使用组委会统一提供的比赛用佰元面额练功券（国赛专用点钞券）、海绵缸（配甘油）、扎钞条、笔、印章（采用"万次章"）、记录表、点钞机等。

3. 一律采用坐姿形式进行点钞。

4. 单指单张以整把形式进行，按不少于50%的比例设置差错，每把错张不超过±4张，并在每把练功券的第一张和最后一张上写上把次编号。

5. 单指单张无设错整把（即点验数为100张的把次），必须经过起把、点数、拆把、扎把、盖章等动作。设错把次必须经过起把、点数、在把条上记录差错张数等动作（用 −4，−3，−2，−1，+1，+2，+3，+4 等数字记录）。起把时不用拆把，无设错整把清点后需拆把并扎把，设错把次无须拆把也无须扎把。

6. 单指单张比赛时，选手应按备用练功券序号顺序点钞，不得跳把。未经清点的把次不得作为已点把数（即不得甩把）。点钞要求一张一张点，不得一指多张，每一把必须点完最后一张，否则不计该把成绩。

7. 多指多张比赛必须经过抓把、点数、扎把、盖章等操作过程。清点的每一正确把为100张。

8. 扎把以提起任意一张不被抽出或散开为准。盖章既可点一把盖一章，也可以全部点完后一次性盖章，盖章以清晰可见为准。

9. 选手按顺序入场，待全部选手进入赛场后，在主裁判统一口令下在座位上就座，不得随意移动备点练功券和其他用具。在主裁判"请选手试点"口令下，选手可使用试点把次进行试点，在主裁判"试点时间到"口令下结束试点。

10. 在主裁判发出"请选手准备"口令后，选手可将备点练功券、把条、印章等进行检查和整理，并按个人习惯移动在合适的位置上。主裁判发出"预备"口令时，选手起第一把在手。当主裁判发出"开始"口令后，选手方可点钞。最后30秒时，由主裁判预告时间，以便选手准备结束。

11. 比赛结束前，主裁判进行5秒倒计时，主裁判发出"时间到"口令时，选手应立即停止点钞、扎把和盖章等动作，按要求填写成绩记录单，其中单指单张比赛应注明差错张数（−4，−3，−2，−1，+1，+2，+3，+4），并将已点完的钞把按顺序整理，放入筐内交裁判人员点验。

12. 裁判人员评分后，选手须签字确认后方可并离开赛场。

二、点钞评分标准

1. 正确一把计 10 分，错误一把扣 10 分。单指单张最后一把未完成的不计分，多指多张最后一把已点张数按比例计分（错误时按比例扣分），最后一把得（扣）分 = 已点张数 ×0.07。

2. 单指单张未设错把次没有拆把、扎把或扎把不符合要求的每把扣 2 分；多指多张没有扎把或扎把不符合要求的每把扣 2 分。单指单张未点完最后一张的该把为 0 分。

3. 没有盖章或盖章不清楚的每把扣 1 分。

4. 主裁判发出"开始"口令前点钞（抢点），或者发出"时间到"口令后仍继续点钞（超时点）的，各扣去 10 分；未经点数扎成一把（甩把）的扣 10 分。

5. 单指单张得分 =（正确把数 − 错误把数）×10− 扣分合计；多指多张得分 =（正确把数 − 错误把数）×10+（最后一把点数 ×0.07）− 扣分合计。

6. 单指单张、多指多张最低分为 0 分。对已扣满 10 分的错误把次不再进行拆把、扎把、盖章等扣分。

7. 由裁判人员现场评分，选手签字确认。

活动三　认知人民币特征

一、认识人民币

《中华人民共和国中国人民银行法》第三章第十五条规定："中华人民共和国的法定货币是人民币。" 从 1948 年 12 月 1 日中国人民银行成立时开始发行第一套人民币起，至今已经发行了五套人民币。

第一套人民币自 1948 年 12 月 1 日开始发行，共 12 种面额 62 种版别，其中 1 元券 2 种、5 元券 4 种、10 元券 4 种、20 元券 7 种、50 元券 7 种、100 元券 10 种、200 元券 5 种、500 元券 6 种、1 000 元券 6 种、5 000 元券 5 种、10 000 券 4 种、50 000 元券 2 种（1949 年发行的正面万寿山图景 100 元券和正面列车图景 50 元券各有两种版别）。

第二套人民币：第一套人民币的纸张质量较差，券别种类繁多（62 种），文字说明单一，票面破损较严重。为了改变第一套人民币面额过大等不足，以及提高印制质量和进一步健全我国货币制度，1955 年 2 月 21 日国务院发布命令，决定由中国人民银行自 1955 年 3 月 1 日起发行第二套人民币，收回第一套人民币。

1955 年 3 月 1 日公布发行的第二套人民币共 10 种，1 分、2 分、3 分、1 角、2 角、5 角、1 元、2 元、3 元和 5 元，1957 年 12 月 1 日又发行 10 元 1 种。同时，为便于流通，国务院发布命令，自 1957 年 12 月 1 日起发行 1 分、2 分、5 分三种硬币，与纸分币等值流通。后来，对 1 元纸币和 5 元纸币的图案、花纹又分别进行了调整和更换颜色，于 1961 年 3 月 25 日和 1962 年 4 月 20 日分别发行了黑色 1 元券和棕色 5 元券，使第二套人民币的版别由开始公布的 11 种增加到 16 种。

第三套人民币是 1962 年开始发行的。经国务院批准，中国人民银行于 1962 年 4 月 20 日开始发行第三套人民币。第三套人民币和第二套人民币比价为 1∶1，即第三套人民币和第二套人民币票面额等值，并在市场上混合流通。

第三套人民币在第二套人民币的基础上对版别进行了全调整、更换，取消了第二套人民币中的 3 元纸币，增加了 1 角、2 角、5 角和 1 元四种金属币。第三套人民币自 1962 年 4 月 20 日发行枣红色 1 角纸币开始到 1980 年 4 月 15 日发行 1 角、2 角、5 角、1 元硬币止，经过了 18 年的逐步调整、更换，共陆续收回第二套人民币（除 6 种纸、硬分币外）10 种，陆续发行第三套人民币 13 种，其中 10 元纸币 1 种、5 元纸币 1 种、2 元纸币 1 种、1 元纸币 1 种、5 角纸币 1 种、2 角纸币 1 种、1 角纸币 3 种、1 元硬币 1 种、5 角硬币 1 种、2 角硬币 1 种、1 角硬币 1 种。

第四套人民币是在经济发展、商品零售额增加、货币需要量增加的情况下发行的。1987 年 4 月 25 日，国务院颁布了发行第四套人民币的命令，责成中国人民银行自 1987 年 4 月 27 日起，陆续发行第四套人民币。第四套人民币主币有 1 元、2 元、5 元、10 元、50 元和 100 元 6 种，辅币有 1 角、2 角和 5 角 3 种，主辅币共 9 种。

第四套人民币共 11 种纸币，采取"一次公布，分次发行"的办法。1987 年 4 月 27 日首先发行 50 元券和 5 角券，1988 年 5 月 10 日发行了 100 元、2 元、1 元和 2 角纸币，1988 年 9 月 22 日，发行了 10 元、5 元、1 角纸币。为提高人民币防伪能力，1992 年 8 月 20 日，在全国发行了 1990 年版 50 元、100 元纸币。根据 1992 年 5 月 8 日第 97 号国务院令，中国人民银行自 1992 年 6 月 1 日起发行了第四套人民币 1 元、5 角、1 角硬币。使第四套人民币结构更加完善。为便利市场流通，1995 年 3 月 1 日和 1997 年 4 月 1 日，在全国发行了 1990 年版和 1996 年版 1 元纸币。1996 年 4 月 10 日，在全国发行了 1990 年版 2 元纸币。

1999 年 10 月 1 日，在中华人民共和国建国 50 周年之际，根据中华人民共和国国务院第 268 号令，中国人民银行陆续发行第五套人民币。第五套人民币共八种面额：100 元、

50 元、20 元、10 元、5 元、1 元、5 角、1 角。第五套人民币根据市场流通中低面额主币实际起大量承担找零角色的状况，增加了 20 元面额，取消了 2 元面额，使面额结构更加合理。第五套人民币采取"一次公布，分次发行"的方式。1999 年 10 月 1 日，首先发行了 100 元纸币；2000 年 10 月 16 日发行了 20 元纸币、1 元和 1 角硬币；2001 年 9 月 1 日，发行了 50 元、10 元纸币；2002 年 11 月 18 日，发行了 5 元纸币、5 角硬币；2004 年 7 月 30 日，发行了 1 元纸币。

为提高第五套人民币的印刷工艺和防伪技术水平，经国务院批准，中国人民银行于 2005 年 8 月 31 日发行了第五套人民币 2005 年版 100 元、50 元、20 元、10 元、5 元纸币和不锈钢材质 1 角硬币。

目前，市场流通的人民币共有 13 种券别，分别为 1、2、5 分，1、2、5 角，1、2、5、10、20、50、100 元。按照法律规定，人民币中元币以上为主币，其余角币、分币为辅币。形成主辅币三步进位制，即 1 元 = 10 角 = 100 分。按照材料的自然属性划分有金属币（亦称"硬币"）、纸币（亦称"钞票"）。无论纸币、硬币均等价流通。

《中华人民共和国人民币管理条例》规定：任何单位和个人都应当爱护人民币。禁止损害人民币和妨碍人民币流通。

《中华人民共和国人民币管理条例》第二十六条规定禁止下列损害人民币的行为：（一）故意毁损人民币；（二）制作、仿制、买卖人民币图样；（三）未经中国人民银行批准，在宣传品、出版物或者其他商品上使用人民币图样；（四）中国人民银行规定的其他损害人民币的行为。

二、知悉人民币特征

人民币有七种基本特征，了解这些特征，有助于你辨别人民币的真伪。

一是水印。将钞票迎光透视，可看到层次丰富、具有浮雕立体效果的固定水印。

二是雕刻凹版印刷。其特点是图像层次丰富、色泽浓郁、立体感强、用手触摸有凹凸感。

三是多色接线图纹。图案上的条纹由多种颜色组成，线条相接处无漏白，无错位现象。

四是磁性印记。用专用磁性检测器在该部位会显示出磁性信号。

五是无色荧光图纹。在紫外线灯照射下可显示出黄绿色字样。

六是安全线。将 1990 年版 100 元券和 50 元券迎光透视，可以看到一条规则的金属线。

七是年版号不同。纸币和硬币背面均印有印制年号。

知识窗

一、认识第五套人民币纸币特征

2019年版第五套人民币50元、20元、10元、1元纸币分别保持2005年版第五套人民币50元、20元、10元纸币和1999年版第五套人民币1元纸币规格、主图案、主色调、"中国人民银行"行名、国徽、盲文面额标记、汉语拼音行名、民族文字等要素不变，提高了票面色彩鲜亮度，优化了票面结构层次与效果，提升了整体防伪性能。2019年版第五套人民币50元、20元、10元、1元纸币调整正面毛泽东头像、装饰团花、横号码、背面主景和正背面面额数字的样式，增加正面左侧装饰纹样，取消正面右侧凹印手感线和背面右下角局部图案，票面年号改为"2019年"。第五套人民币共八种面额：100元、50元、20元、10元、5元、1元、5角、1角。

（一）人民币1元纸币

1999年版和2019年版第五套人民币1元纸币的主色调为橄榄绿色，票幅长130 mm，宽63 mm。

2019年版第五套人民币1元纸币与1999年版第五套人民币1元纸币相比，其保持主图案等相关要素不变，只是对票面年号和部分元素布局进行了调整。（如图4-12所示）

2019年版
人民币识别

图 4-12

1. 2019年版第五套人民币1元纸币的正面图案

与1999年版第五套人民币1元纸币相比，其对正面中部面额数字、装饰团花的样式进行了调整；左侧增加了装饰纹样、面额数字白水印，调整横号码的样式，取消左下角装饰纹样；右侧调整毛泽东头像的样式，取消凹印手感线。

2. 2019年版第五套人民币1元纸币的背面图案

与1999年版第五套人民币1元纸币相比，其对背面主景、面额数字的样式进行了调整，取消右下角局部图案，年号改为"2019年"。

（二）第五套人民币5元纸币

1999年版和2005年版第五套人民币5元纸币的主色调为紫色，票幅长135 mm，宽63 mm。2019年版第五套人民币没有发行5元纸币。1999年版第五套人民币5元纸币的票面。（如图4-13所示）

图4-13

1. 1999年版第五套人民币5元纸币的正面图案

1999年版第五套人民币5元纸币的正面图案除毛泽东头像外主要有水仙花图案。水仙花形态秀美，亭亭玉立，雅号"凌波仙子"，深受国人喜爱。每到农历春节，很多家庭都要在厅堂里摆上一盆水仙花，它会给人们带来新一年的喜气和美好的向往。

2. 1999年版第五套人民币5元纸币的背面图案

1999年版第五套人民币5元纸币的背面主景图案是泰山观日峰。这个图案采用了空间蒙太奇的手法，把泰山的石刻和泰山主峰两个场景放到一起，在现实中是看不到这样的景观的。泰山素有"五岳之首"之称，中国人自古崇拜泰山，古代帝王多在泰山进行封禅和祭祀，各朝文人也喜欢来此游历，并留下许多诗文佳作。

2005年版第五套人民币5元纸币与1999年版第五套人民币5元纸币正面与背面图

案基本相同，只是背面面额数字加后缀"YUAN"。

（三）第五套人民币 10 元纸币

1999 年版、2005 年版和 2019 年版第五套人民币 10 元纸币的主色调为蓝黑色，票幅长 140 mm，宽 70 mm。

1. 1999 年版第五套人民币 10 元纸币的正面图案

1999 年版第五套人民币 10 元纸币的正面图案除毛泽东头像外主要有月季花图案（如图 4-14 所示）。月季花姿态婀娜，瑰丽多彩，被誉为"花中皇后"。月季原产于中国，后来传入欧洲，赢得了西方世界的青睐。作为世界四大切花之一，月季花为世界经济与社会的发展做出了巨大的贡献，实乃花卉中的"外交官"。

图 4-14

2. 1999 年版第五套人民币 10 元纸币的背面图案

1999 年版第五套人民币 10 元纸币的背面主景图案是夔门（如图 4-15 所示）。夔门在瞿塘峡入口处，是长江三峡的西大门，又名瞿塘关。在巍峨壮丽的白帝城下，夔门是出入四川盆地的门户。从白帝城向东，便进入长江三峡中最西面的瞿塘峡。瞿塘峡全长约 8 km，在三峡中最短，却最为雄伟、险峻。杜甫有诗云："白帝高为三峡镇，瞿塘险过百牢关。"

图 4-15

2005 年版第五套人民币 10 元纸币与 1999 年版第五套人民币 10 元纸币正面与背面图案基本相同，只是背面面额数字加后缀"YUAN"。

3. 2019 年版第五套人民币 10 元纸币的正面图案

2019 年版与 1999 年和 2005 年版第五套人民币 10 元纸币相比，其正面中部面额数字调整为光彩光变面额数字"10"，调整装饰团花的样式；左侧增加装饰纹样，调整横号码、胶印对印图案的样式；右侧增加光变镂空开窗安全线和竖号码，调整毛泽东头像、右上角面额数字的样式，取消凹印手感线。（如图 4-16 所示）

图 4-16

4. 2019 年版第五套人民币 10 元纸币的背面图案

2019 版与 1999 年和 2005 年版第五套人民币 10 元纸币相比，其背面调整主景、面额数字、胶印对印图案的样式，取消右下角局部图案，年号改为"2019 年"。（如图 4-17 所示）

图 4-17

（四）第五套人民币 20 元纸币

2019 年版与 1999 年版和 2005 年版第五套人民币 20 元纸币相比，其保持主图案等相关要素不变，只是对票面和布局进行了调整。

1. 2019 年版第五套人民币 20 元纸币的正面图案

2019 年版与 1999 年版和 2005 年版第五套人民币 20 元纸币相比，其正面中部面额数字调整为光彩光变面额数字"20"，调整装饰团花的样式；左侧增加装饰纹样，调整横号码、胶印对印图案的样式；右侧增加光变镂空开窗安全线和竖号码，调整毛泽东头像、

右上角面额数字的样式，取消凹印手感线。(如图 4-18 所示)

图 4-18

2. 2019 年版第五套人民币 20 元纸币的背面图案

2019 年版与 1999 年版和 2005 年版第五套人民币 20 元纸币相比，其背面调整主景、面额数字、胶印对印图案的样式，取消右下角局部图案，年号改为"2019 年"。(如图 4-19 所示)

图 4-19

(五) 第五套人民币 50 元纸币

2019 年版第五套人民币 50 元纸币与 1999 年版和 2005 年版第五套人民币 50 元纸币相比，其保持主图案等相关要素不变，只是对票面和布局进行了调整。

1. 2019 年版第五套人民币 50 元纸币的正面图案

2019 年版与 1999 年版和 2005 年版第五套人民币 50 元纸币相比，其正面中部面额数字调整为光彩光变面额数字"50"，调整装饰团花的样式；左侧增加装饰纹样，调整横号码、胶印对印图案的样式，取消左下角光变油墨面额数字；右侧增加动感光变镂空开窗安全线和竖号码，调整毛泽东头像、右上角面额数字的样式，取消凹印手感线。(如图 4-20 所示)

图 4-20

2. 2019 年版第五套人民币 50 元纸币的背面图案

2019 版与 1999 年版和 2005 年版第五套人民币 50 元纸币相比，其背面调整主景、面额数字、胶印对印图案的样式，取消全息磁性开窗安全线和右下角局部图案，年号改为"2019 年"。（如图 4-21 所示）

图 4-21

（六）第五套人民币 100 元纸币

第五套人民币目前有 2005 年版和 2015 年版。2019 年版没有发行 100 元纸币。2015 年版第五套人民币 100 元纸币和 2005 年版第五套人民币 100 元纸币在纸币的规格、正背面主景图案、主色调等方面都是一致的，只是对部分图案进行了调整和改进。下面是 2015 年版第五套人民币 100 元纸币的票面。（如图 4-22 所示）

图 4-22

2015 年版第五套人民币 100 元纸币主要有以下七个防伪标志。（如图 4-23 所示）

图 4-23

1. 票面正面右侧增加了光变镂空开窗安全线

2015 年版第五套人民币 100 元纸币正对着看，安全线为品红色，倾斜时会变成绿色。在这条安全线上，还可以清晰地看到镂空文字"人民币 100"。

2. 拿着纸币转动一定角度，可以看到有一条亮光带在滚动，票面正面中间位置的数字"100"的颜色也会出现明显的变化。

3. 把纸币对着光观察，在票面左侧空白的地方可以看到毛泽东头像。

4. 在纸币正面和背面的右下方都可以看到数字"100"的局部图案，对着光再看，正面和背面的局部图案会组成完整的数字"100"。

5. 纸币号码原来只有横排号码，增加了竖排号码，颜色为蓝色。

6. 把纸币拿起来对着光观察，在正面横排号码的下面可以看到透光性很强的水印数字"100"。

7. 纸币上的毛泽东头像、"中国人民银行"字样、国徽及数字"100"等用手摸，都会有明显的凹凸感。

（七）第五套人民币硬币的基本特点

第五套人民币硬币有1元、5角、1角。与1999年版第五套人民币1元、5角硬币和2005年版第五套人民币1角硬币相比，2019年版第五套人民币1元、5角、1角硬币调整了正面面额数字的造型，背面花卉图案适当收缩。第五套人民币硬币的基本特点如下：

1. 第五套人民币1元硬币

1999年版第五套人民币1元硬币（如图4-24所示）的材质为钢芯镀镍合金，直径为25 mm，币外缘为圆柱面，色泽为镍白色。其正面为"中国人民银行"字样、面额和汉语拼音字母"YI YUAN"及年号，背面为菊花图案及中国人民银行的汉语拼音字母"ZHONGGUO RENMIN YINHANG"。其币外缘采用了边部滚字工艺。

图4-24

2. 2019年版第五套人民币1元硬币

2019年版第五套人民币1元硬币（如图4-25所示）与1999年版第五套人民币1元硬币相比，其直径由25 mm调整为22.25 mm，正面面额数字"1"轮廓线内增加隐形图文"￥"和"1"，边部增加圆点，面额数字字体由衬线体调整为无衬线体并稍做倾斜处理。

图4-25

3. 第五套人民币5角硬币

（1）1999年版第五套人民币5角硬币

1999年版第五套人民币5角硬币（如图4-26所示）的色泽为金黄色，直径为20.50 mm，材质为钢芯镀铜合金。其正面为"中国人民银行"字样、面额和汉语拼音字母"WU JIAO"及年号；背面为荷花图案及中国人民银行的汉语拼音字母"ZHONGGUO

RENMIN YINHANG"；币外缘为间断丝齿，共有六个丝齿段，每个丝齿段有八个齿距相等的丝齿。

图 4-26

（2）2019 年版第五套人民币 5 角硬币

2019 年版第五套人民币 5 角硬币（如图 4-27 所示），与 1999 年版第五套人民币 5 角硬币相比，其材质由钢芯镀铜合金改为钢芯镀镍，色泽由金黄色改为镍白色，直径保持不变，正背面内周缘由圆形调整为多边形，面额数字字体由衬线体调整为无衬线体并稍做倾斜处理。

图 4-27

3. 第五套人民币 1 角硬币

（1）2005 年版第五套人民币 1 角硬币

2005 年版第五套人民币 1 角硬币（如图 4-28 所示），与 1999 年版第五套人民币 1 角硬币相比，其直径保持不变，正面同样为行名、面额及年号，背面为兰花图案及行名汉语拼音；其材质改为不锈钢，色泽为钢白色，币外缘为圆柱面。

图 4-28

（2）2019 年版第五套人民币 1 角硬币

2019 年版第五套人民币 1 角硬币（如图 4-29 所示），与 2005 年版第五套人民币 1 角硬币相比，其保持主图案等相关要素不变，直径和材质保持不变，只是正面边部增加圆点，面额数字字体由衬线体调整为无衬线体并稍做倾斜处理。

图 4-29

三、识别人民币真伪

识别人民币纸币真伪，通常采用"一看、二摸、三听、四测"的方法。

（一）一看

1. 看水印

第五套人民币各券别纸币的固定水印位于各券别纸币票面正面左侧的空白处，迎光透视，可以看到立体感很强的水印。100 元、50 元纸币的固定水印为毛泽东头像图案。20 元、10 元、5 元纸币的固定水印为花卉图案。

2. 看安全线

第五套人民币纸币在各券别票面正面中间偏左，均有一条安全线。100 元、50 元纸币的安全线，迎光透视，分别可以看到缩微文字"RMB100""RMB50"的微小文字，仪器检测均有磁性；20 元纸币，迎光透视，是一条明暗相间的安全线，10 元、5 元纸币安全线为全息磁性开窗安全线，即安全线局部埋入纸张中，局部裸露在纸面上，开窗部分分别可以看到由微缩字符"￥10""￥5"组成的全息图案，仪器检测有磁性。

3. 看光变油墨

第五套人民币 100 元券和 50 元券正面左下方的面额数字采用光变墨印刷。将垂直观察的票面倾斜到一定角度时，100 元券的面额数字会由绿色变为蓝色；50 元券的面额数字则会由金色变为绿色。

4. 看票面图案是否清晰，色彩是否鲜艳，对接图案是否可以对接上

第五套人民币纸币的阴阳互补对印图案应用于 100 元、50 元和 10 元券中。这三种券别的正面左下方和背面右下方都印有一个圆形局部图案。迎光透视，两幅图案准确对接，

组合成一个完整的古钱币图案。

5. 用 5 倍以上放大镜观察票面,看图案线条、缩微文字是否清晰干净

第五套人民币纸币各券别正面胶印图案中,多处均印有微缩文字,20 元纸币背面也有该防伪措施。100 元微缩文字为 "RMB" 和 "RMB100";50 元为 "50" 和 "RMB50";20 元为 "RMB20";10 元为 "RMB10";5 元为 "RMB5" 和 "5" 字样。

(二)二摸

一是摸人像、盲文点、"中国人民银行"字样等处是否有凹凸感。第五套人民币纸币各券别正面主景均为毛泽东头像,采用手工雕刻凹版印刷工艺,形象逼真、传神,凹凸感强,易于识别。二是摸纸币是否薄厚适中,挺括度好。

(三)三听

三听,即通过抖动钞票使其发出声响,根据声音来分辨人民币真伪。人民币的纸张具有挺括、耐折、不易撕裂的特点。手持钞票用力抖动、手指轻弹或两手一张一弛轻轻对称拉动,能听到真币清脆响亮的声音,而假币声音沉闷。

(四)四测

四测,即借助一些简单的工具和专用的仪器来分辨人民币真伪。例如:借助放大镜可以观察票面线条清晰度、胶、凹印缩微文字等;用紫外灯光照射票面,可以观察钞票纸张和油墨的荧光反映;用磁性检测仪可以检测黑色横号码的磁性。

四、知晓假币特征

以第五套 100 元面额人民币为例。第五套 100 元面额假人民币主要有以下特征:

(1)纸张。采用普通书写纸,在紫外灯光照射下,票面呈蓝白色荧光反应。

(2)水印。用淡黄色油墨印在票面正、背面水印位置的表面,垂直观察,在票面的正背两面均可看到一个淡黄色毛泽东人头像印刷图案;迎光透视,固定人像水印轮廓模糊,没有浮雕立体效果。

(3)印刷。票面颜色较浅;采用胶版印刷,表面平滑,票面主要图案无凹版印刷效果,墨色平滑不厚实;票面主景线条粗糙,立体感差;票面线条均由网点组成,呈点状结构;无红、蓝彩色纤维。

(4)安全线。用无色油墨印在票面正面纸的表面,迎光透视,模糊不清;缩微文字模糊不清;无磁性。

(5)阴阳互补对印图案。古钱币阴阳互补对印图案错位、重叠。

(6)胶印缩微文字。胶印缩微文字模糊不清。

（7）凹印缩微文字。凹印缩微文字模糊不清。

（8）隐形面额数字。无隐形面额数字。

（9）光变油墨面额数字。光变油墨面额数字不变色。

（10）无色荧光油墨印刷图案。在紫外灯光照射下，无色荧光油墨"100"较暗淡，颜色浓度及荧光强度较差。

（11）有色荧光油墨印刷图案。在紫外灯光照射下，有色荧光油墨印刷图案色彩单一、较暗淡，颜色浓度及荧光强度较差。

（12）无色荧光纤维。无无色荧光纤维。

（13）冠字号码。横竖双号码中的黑色部分无磁性。

活动四　知悉票币计算

一、认识票币算

第五套人民币共八种面额：100元、50元、20元、10元、5元、1元、5角、1角，共计186.60元。票币计算就是在现金盘点时将不同面值人民币分别按张数相乘后累计相加求得总和的过程。

二、知悉票币计算方法

（一）人民币单把百张计算法

计算公式为：100张 × 面值 = 金额

八种面额人民币100张计算表（如表4-4所示）。

表4-4

面值	100元	50元	20元	10元	5元	1元	5角	1角
百张合计	10 000元	5 000元	2 000元	1 000元	500元	100元	50元	10元
总计金额	18 660.00元							

（二）人民币散把计算法

计算公式为：张数 × 面值 = 金额

八种面额人民币零散计算表（如表4-5所示）。

表 4–5

面值	100 元	50 元	20 元	10 元	5 元	1 元	5 角	1 角
张数	26 张	11 张	61 张	38 张	5 张	29 张	6 张	7 张
金额小计	2 600 元	550 元	1 220 元	380 元	25 元	29 元	3 元	0.7 元
总计金额	4 807.70 元							

小知识

现金盘点比赛规程

1. 参加现金盘点比赛的选手必须是各参赛队中任"出纳"角色的学生。每位选手的工作桌面摆放一专用练功券钱箱，内有一定数量、六种人民币面额（100 元、50 元、20 元、10 元、5 元、1 元）的整把练功券、扎条和印章。1 台用于录入点验结果的平板机，选手抽签决定操作台位。

2. 各种面额的整把练功券由裁判工作人员预先设置张数，做好每把编号标识，按编号顺序摆放在比赛专用练功券钱箱中。同时，将各把预设张数准备存入专用点验平板机，作为选手实际点验结果的标答比对数据。

3. 比赛中选手一律采用坐姿形式进行点钞，指法不限。

4. 按主裁判的"准备"提示进入系统的计时界面，进行相关设置，并做起点准备。

5. 按主裁判的"开始"口令开始比赛，系统开始自动计时。

6. 选手按预置练功钞券编号顺序逐把点验，按规范要求捆扎、盖章，并放回到练功券箱初始位置。

7. 选手将自己点验的每把结果对应地录入到平板机（爱丁 7481l）。

8. 系统计时时间到，屏幕锁定，选手不能录入结果。

9. 系统自动生成选手赛项成绩，并按一定比例计入各队比赛总成绩。

任务训练

一、手按式单张点钞法训练

1. 训练准备。准备点钞练功券 10 把、海绵蘸水缸 1 只、人名章 1 枚、扎钞条若干。

2. 训练任务。采用手按式单张点钞法在规定时间内将 10 把点钞练功券清点完毕，同桌同学相互交换复核清点结果。

二、手按式双张点钞法训练

1. 训练准备。准备点钞练功券 10 把、海绵蘸水缸 1 只、人名章 1 枚、扎钞条若干。

2. 训练任务。采用手按式双张点钞法在规定时间内将 10 把点钞练功券清点完毕，同桌同学相互交换复核清点结果。

三、手持式单张点钞法训练

1. 训练准备。准备点钞练功券 10 把、海绵蘸水缸 1 只、人名章 1 枚、扎钞条若干。

2. 训练任务。采用手持式单张点钞法在规定时间内将 10 把点钞练功券清点完毕，同桌同学相互交换复核清点结果。

四、手持式四张点钞法训练

1. 训练准备。准备点钞练功券 10 把、海绵蘸水缸 1 只、人名章 1 枚、扎钞条若干。

2. 训练任务。采用手持式四张点钞法在规定时间内将 10 把点钞练功券清点完毕，同桌同学相互交换复核清点结果。

任务二 熟练应用点钞机

任务描述

点钞机是一种能自动清点钞票数目且具有假币识别功能的机电一体化装置。银行由于现金流通规模庞大，其柜台的现金处理工作业务量较大，因此点钞机是银行营业网点出纳人员必备的工具之一。

任务分解

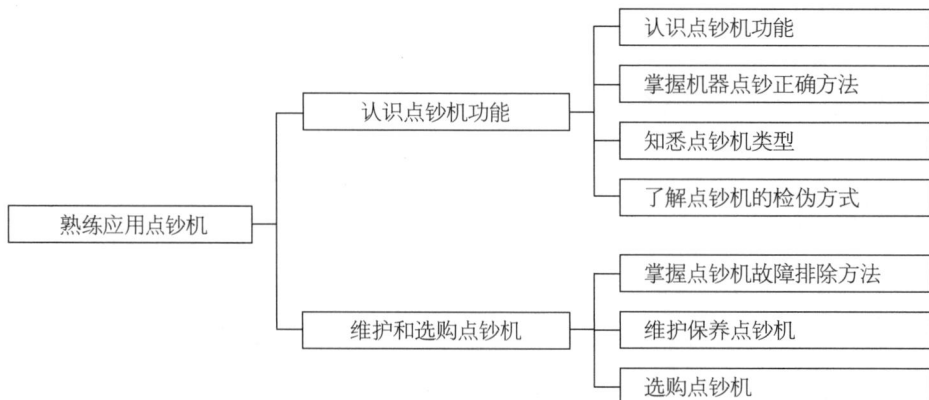

熟练应用点钞机
├─ 认识点钞机功能
│   ├─ 认识点钞机功能
│   ├─ 掌握机器点钞正确方法
│   ├─ 知悉点钞机类型
│   └─ 了解点钞机的检伪方式
└─ 维护和选购点钞机
    ├─ 掌握点钞机故障排除方法
    ├─ 维护保养点钞机
    └─ 选购点钞机

活动一 认识点钞机功能

点钞机是用来进行快速点钞，并检验真假币的一种工具。下面我们来认识一下点钞机，以 HT-2600 型点钞机为例。（如图 4-30 所示）

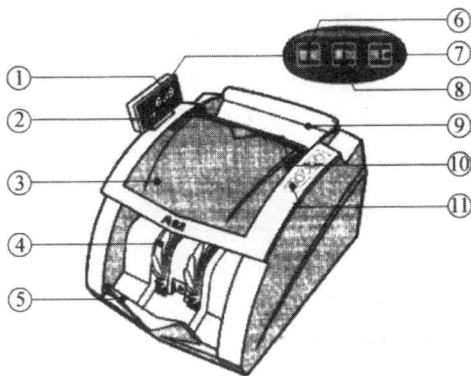

图 4-30

① 计数显示窗　　⑦ 预置指示灯

② 预置显示窗　　⑧ 累加指示灯

③ 面盖　　　　　⑨ 喂钞台

④ 接钞轮　　　　⑩ 提手柄

⑤ 接钞台　　　　⑪ 控制面板（如图 4-31 所示）

⑥ 智能指示灯

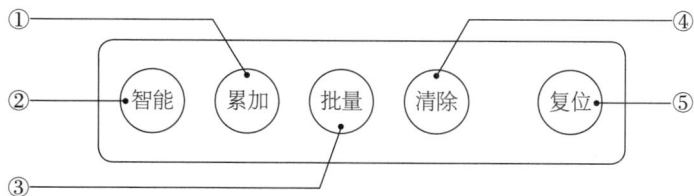

图 4-31

① 累加键　　② 智能键　　③ 批量键　　④ 清除键　　⑤ 复位键

一、认识点钞机功能

点钞机主要有以下几种功能：

（1）自动清点张数功能：将钞票放入点钞机后，机器可自动进行钞票的清点。

（2）检测货币真伪功能：选择紫外光线点钞时，凡具有荧光反应的伪钞机器能自动检测出来；使用磁检点钞时，没有明显磁性反应的钞票也能自动检测出来。

（3）自动清零功能：在清点过程中，可以把前面点过的数移到另一组显示器上。

（4）预置功能：预置最大数为999张，最小数为1张，并可任意选择。

二、掌握机器点钞正确方法

将纸币捻成一定斜度，平放在输钞台上，机器即自动完成点钞工作。待输钞台上的钞票全部输送完毕，机器停止运转，此时计数器显示窗上显示的数字就是该沓钞票的数量。取出接钞台上的钞票后，每次清点钞票时显示窗上显示的数值将自动清零后重新计数。

图 4-32

图 4-32 中的图一为正确操作，图二、三为错误操作。图二中操作者未把纸币捻成一定斜度，图三中操作者捻钞倾斜方向错误。

> **注 意**
>
> 点钞时先将钞票整理，按不同的面值分开并清除钞票上的纸补贴和污染物，再将钞票均匀扇开成小斜坡状，成捆的钞票应先拍松再扇开，放入喂钞台进口处。

三、知悉点钞机类型

点钞机按鉴别方式划分，一般可以分为普通型、半智能型、智能型、银行专用点钞机四种类型。

（一）普通型

普通型点钞机包括安全线磁性分析检测（只检测安全线磁性的有与无）、荧光检测两种，以及少数带有宽度检测。

（二）半智能型

半智能型点钞机包括安全线磁性分析检测（检测安全线磁性的分布规律是否与真钞一致，能检测出或多或少或一致，并能根据该规律判别是多少面值的钞票）、荧光检测、宽度检测三种鉴别方式。

（三）智能型

智能型点钞机包括安全线磁性分析检测（检测安全线磁性的分布规律是否与真钞一致，

能检测出或多或少或一致，并能根据该规律判别是多少面值的钞票）、荧光检测、宽度检测、磁性检测四种。

（四）银行专用点钞机

银行专用点钞机＝品牌＋品质＋服务，其检伪方式：除了智能机有的检伪方式外，银行专用的通常还有一种红外线检测，所以它检验真假的能力最强，同时它的服务也有保证，升级服务也与银行同步。

> **提 示**
>
> 一些没有责任感或经验缺乏的销售人员往往不管普通的、半智能的、智能的都说成是智能及银行专用点钞机，给客户挑选机型带来混淆和不便。

四、了解点钞机的检伪方式

（一）安全线磁性分析检测

由一个中间的长磁头来完成。有两种类型：一种是只检测安全线磁性的有与无；另一种是检测安全线磁性的分布规律是否与真钞一致，能检测出或多或少或一致，并能根据该规律判别是多少面值的货币（此检测较好）。

（二）荧光检测

通过荧光对货币的纸质进行真假检测。货币的纸张在生产时经过特殊处理，这样的纸张是没有荧光反应的，荧光检测就是利用这一特性来对货币进行真假的检测，有荧光反应的机器就会报警提示。

（三）磁性检测

由左右两边两组磁头来完成。通过检测货币的磁性来判别真假，与安全线检测原理相同。

（四）红外线检测

通过红外线对各种面额货币的红外值检测，每一种面额的货币都有自己相应的红外值。

（五）宽度检测

由码盘与计数管相结合来检测货币票面的宽度。

活动二　维护和选购点钞机

一、掌握点钞机故障排除方法

（一）开机后无显示

其排除方法为：检查电源的插座是否有电；检查点钞机的插头是否接触不良；检查点钞机的保险丝是否已熔断。

（二）开机后出现故障提示代码

一般点钞机具有故障自检功能，开机后点钞机就自诊是否有故障。不同品牌型号的点钞机的故障代码也不一样，具体请参考《使用说明书》。

（三）计数不准

其排除方法为：调节托钞盘后部的垂直螺丝，顺时针或逆时针旋转调试（顺紧逆松）；清理光电计数传感器上的积尘；清尘后不能恢复正常，阻力橡皮、捻钞轮是否严重磨损；换完后再进行调整；调节送钞台光电计数器传感器的对正位置；电机皮带是否严重磨损。

（四）荧光鉴伪不报警或检伪灵敏度降低

其排除方法为：调节电路板灵敏度按键或灵敏度调节电位器（荧光鉴伪的灵敏度）；荧光灯管光传感器（紫光灯探头）是否积灰尘；荧光灯管是否老化。

（五）启停方式失灵

其排除方法为：送钞传感器是否积灰尘；送钞传感器和主电路板连接开路，接好即可；点钞机皮带是否折断。

二、维护保养点钞机

点钞机应放在通风室内，避免强光的照射和强磁场的干扰。机器的电源插头一定要接在有安全地线的电源座上。机器所用电源电压必须在220V±10%范围内，否则会影响机器正常工作。捻钞轮、对转轮和送钞轮绝对不能沾染油脂，否则将造成捻钞滑导致计数不准。每周应至少清扫一次紫外发光管，鉴伪探头，转速传感器及码盘上的积尘。

三、选购点钞机

选择点钞机要从点钞机的功能入手，选择一款适合自己用的性价比较高的点钞机。选择点钞机时大多消费者都没有先注意点钞机的功能，而是注意点钞机的外观、价格，这样一来就会误入商家的销售误区中。有多少消费者在选择点钞机时真正知道点钞机的功能呢？在看了以上的功能和点钞机分类后，我们就要针对自己的实际情况来选择点钞机。消费者购买点钞机大多有四种渠道。

（一）从银行购买

当然从银行能购买到比较好的点钞机，价格相对来说比市场价格要高，但功能很齐全。因为银行是一个钱流量相当大的地方，对点钞机的性能等各方面的要求也相当高。这样的机器也非常适合钱流量大的客户，但一般单位或个人购买这样一种高性能的点钞机，其很多功能都用不上，这样又花了钱，也浪费了资源。

（二）从经营点钞机的专业公司里购买

专业销售点钞机的公司当然能对你的需求做分析和对应介绍，但有时候他们在销售点钞机时会做一些夸大功能的说法来误导消费者，如说销售的机器是银行专用的。一般来说，一个专业公司做银行的专用机型也就一两款，其真正推销的产品有可能是一些非银行用产品，但卖的却是银行产品的价格。

（三）从网店或商店里购买

从商店里一般很难购买到功能很好的点钞机。因为大多数的商店的销售人员也同大多数消费者一样，对点钞机的专业知识是片面的，只知道能识别假钞、能计数，以及从机身上能看到的功能，对点钞机的功能怎样用，也只能做一般了解。

（四）从上门推销员那里购买

也可以从上门推销的人员那里购买，但应该选择点钞机专业公司上门推销的人员，这类人员具有专业素质，对点钞机了解也比较全面，在解释过程中也能很明白地解释客户所想要的东西。

🎗 任务训练

1. 点钞机通常有哪些功能？
2. 如何维护和选购点钞机？

任务三　知悉利息计算方法

◎ 任务描述

银行对各种储蓄按照中国人民银行统一规定的储蓄存款利率和计算利息的方法，付给一定的利息。利息计算的正确与否，关系到银行的经济核算和客户的经济利益。因此，必须根据中国人民银行规定的利率，正确计算存款和贷款利息。下面将对利息计算的基本知识和利息计算的基本方法分别加以介绍。

任务分解

```
                    ┌─ 认识存款和贷款利率 ──── 认识存款和贷款利率

                    │                        ┌─ 算头不算尾计算法
知悉利息计算方法 ────┼─ 计算存款和贷款期限 ──┤
                    │                        └─ "对年对月"计算法

                    │                        ┌─ 计算定期存款和贷款利息
                    └─ 掌握利息具体计算方法 ─┤
                                             └─ 计算活期存款和贷款利息
```

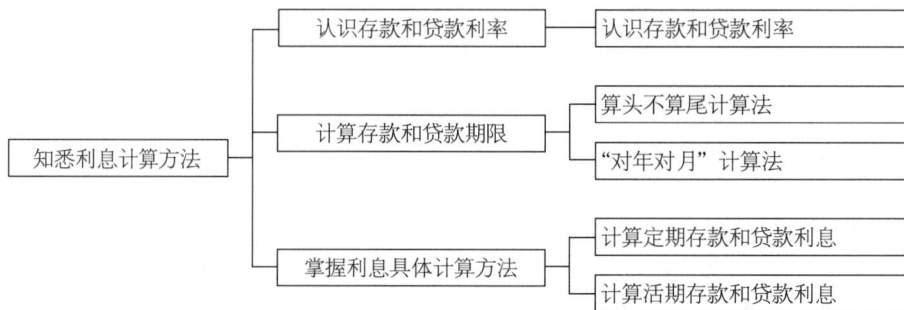

活动一 认识存款和贷款利率

我国现行银行存款和贷款利率是由中国人民银行统一制订颁布的，任何单位和个人都不得随便调高或调低利率。利率是计算利息的标准，即在单位时间内单位货币所取得的利息。根据全国银行统一会计制度的规定，利率分为年利率、月利率和日利率三种。

年利率是指一整年期间的利息额同存入或贷出的资金额的比例。年利率的符号是"%"，如年利率 13.96 厘，应写成"年 13.96％"。表示每百元存、贷款，满 1 年应付收利息 13.96 元。

月利率是指一整月期间的利息额同存入或贷出的资金额的比例。月利率的符号是"‰"，如月利率 6 厘 4，应写成"月 6.4‰"。

日利率是一天的利息额同存入或贷出的资金额的比例。

利率的表示方法有上面三种，在实际工作中，由于存、贷款的期限不一，既有整月的，又有零头天数的。因此在计算利率时常常需要进行三种利率形式的换算。其换算方法是：

（1）日利率 = 月利率 ÷30

　　例如：7.5‰ ÷30=0.25‰

（2）日利率 = 年利率 ÷360

　　例如：11.52％÷360=0.32‰

（3）月利率 = 年利率 ÷12

　　例如：6％ ÷12=5‰

（4）月利率 = 日利率 ×30

　　例如：0.36‰ ×30=10.8‰

（5）年利率 = 月利率 ×12

　　例如：5‰ ×12=6%

（6）年利率 = 日利率 ×360

　　例如：0.32‰ ×360=11.52%

计算存款和贷款利息的金额起点，不论用什么方法计算，本金一律为1元，不足1元者，不计算利息。计算出来的利息，应算到分位为止，分位以下的尾数，应四舍五入。

活动二　计算存款和贷款期限

存款和贷款期限的计息方法一般有两种：一种是"算头不算尾计算法"；另一种是"对年对月计算法"。

一、算头不算尾计算法

"算头不算尾"是计算存款和贷款期限的基本方法，适用于各项存款和贷款的时间计算。"算头不算尾"对于各项存款来说，就是利息自存入的那一天起，算至提取的前一天为止，取款的那一天不算。例如：1993年5月12存入的款项，于同年同月22日取出，期限应从12日算到21日止，计10天，5月22日不计息；对于贷款来说，就是利息自贷出的那一天算起，算至归还贷款的前一天为止，还款的那一天不算。例如：1993年5月1日贷出的款项，于同年同月28日归还，期限应从5月1日算至27日，计27天，5月28日不应计息。应该注意的是：算头不算尾计算是针对整个存期而言，不适合个别中间分段计息的部分。分段计息日期应首尾相连。

二、对年对月计算法

"对年对月"是计算定期存款和贷款期限的另一种方法。定期存款、贷款除按"算头不算尾"计算法计算不足一个月的零头天数外，对于期限在一个月以上的部分，则采用"对年对月"计算的办法，而不采取按天计算的办法。所谓对年，即满整1年。例如：1992年7月8日存入的款项，到1993年7月8日支取，就是1个对年。到1994年7月8日支取，就是2个对年……每个对年，无论平年或闰年，都是一样对待，即360天。所谓对月，即满整1月。例如：2月11日贷出的款项，到3月11日归还，就是1个对月，到4月11日归还，就是2个对月，到5月11日归还，就是3个对月……每个对月，不论大月、小月、平月、闰月，都是一样对待，即30天。

活动三　掌握利息具体计算方法

在计算利息时应注意以下两个问题：

（1）利率的符号是用分数表示的，在算盘上运算时，应一律化成小数；

（2）要注意期限和利率的计算口径必须一致。也就是说期限以年为单位的，要用年利率计算；期限以月为单位的，要用月利率计算；期限以天为单位的，要用日利率计算。

一、计算定期存款和贷款利息

利息 = 本金 ×（存贷）期限 × 利率

从利息的公式可以看出要求计算的方法是较为简单的，利息是本金、期限、利率三个因素的连乘。实际工作中花费时间较长、差错率较高的一般是定位问题。关于连乘法定位的有关问题我们在上一项目里已经做了较为详尽的阐述，用连乘法计算时，先将利息化为小数，然后在本金、期限、利率三个数值中选择一个位数最多的数当作被乘数（一般为本金或期限），首先摆在算盘上适当位置。

确定第一被乘数置数档位的公式是：

第一被乘数置数档位 = 本金位数 + 期限位数 + 利率位数

下面将举例说明定期存款和贷款利息的计算。

【例 1】某储户定期整存整取存款 5 400 元，存期 1 年，利率为月 6.4‰，按期支取，计算其应得利息。

该储户应得利息 =5 400×12×0.006 4=414.72 元

珠算运算过程如表 3-1 所示。

表 3-1

拨算说明	盘　式								
	6	5	4	3	2	1	0	−1	−2
①首先根据第一被乘数置数档位的公式确定第一被乘数置数档位：+4 位 +（+2）位 +（−2）位 =+4 位，并从算盘正 4 位起拨入 54				五	四				
②用破头乘法计算 4×12=048，盘式为				五	0	4	8		
③5×12=060，盘式为				0	6	4	8		
④以 648 作为被乘数继续计算，8×64=512 盘式为				六	四	5	1	2	
⑤4×64=256 盘式为				六	3	0	7	2	

拨算说明	盘式								
	6	5	4	3	2	1	0	-1	-2
⑥ 6×64=381，盘式为				4	1	4	7	2	
⑦直接读出结果：414.72元，即为所求				4	1	4	7	2	

【例2】某储户1991年4月1日定期整存整取存款3 000元，存期2年，利率为月9.6‰，于1993年4月21日支取，计算其应得利息。

先将应计息期限化为天数；月利率化为日利率：

计息期限：360×2+20=740（天）

日利率：9.6‰ ÷30=0.000 32

则该储户应得利息为：

3 000×740×0.000 32=710.40元

珠算运算过程如表3-2所示。

表3-2

拨算说明	盘式								
	6	5	4	3	2	1	0	-1	-2
①首先根据第一被乘数置数档位的公式确定第一被乘数置数档位：+3位＋（+4）位＋（一3）位 =+4，位并从算盘正4位起拨入74			七	四					
②用破头乘法计算4×3=12，盘式为			七	1	2				
③7×3=21，盘式为			2	2	2				
④以222作为被乘数继续计算，2×32=064，盘式为			二	二	0	6	4		
⑤2×32=064，盘式为			二	0	7	0	4		
⑥2×32=064，盘式为			0	7	1	0	4		
⑦直接读出结果：710.40元，即为所求				7	1	0	4		

二、计算活期存款和贷款利息

活期存款和贷款的利息，一般采用积数法计算。

积数 = 本金 × 日数

积数是在日常核算中进行计算的。积数计算通常有两种方法：一种是在分户账上计算；另一种是在余额表上计算。两种方法在实际工作中使用都比较普遍。

（一）分户账积数计息方法

在分户账上划积数计息，是采用带有"日数"和"积数"专栏的分户账，设有收方、付方、余额、积数四栏（如表3-3所示）。

表3-3　　　　　　中国工商银行明细账本户账号：305678

企业存款科目账

主管部门：商业局　　　　　　单位名称：第三百货公司　　　利率：月2.4‰

1993年 月 日	摘要	收入	付出	收或付	余额	日数	积数（千元）	复核
4　1		6 000		收	6 000	5	30	
4　6	支付货款		2 000	收	4 000	7	28	
4　13	购日用品		1 000	收	3 000	20	60	
5　3	收到贷款	12 000		收	13 000			
5　3	支付工资		2 000	收	13 000			

在分户账上划积数计息的具体做法是：每天分户账上第一次发生变动时，应从上次变动的记账日期算出至当天的前一日止（即算头不算尾）的共经天数，填在上次余额旁的日数栏内，然后将上次余额乘以天数算出积数，填于同行积数栏内。积数取至千元位，千元位以下四舍五入。日数和积数平时应随账页过次、承前，到结息日结计总日数与总积数，在验算无误后，以总积数乘以日利率，即得利息，其计算公式为：

利息 = 总积数 × 日利率

由于记账会出现差错，如账务处理中发生串户，隔日发现后进行冲转时形成了冲账日期与起息日期不一致的情况；再如在营业时间后，因特殊情况产生的存款和贷款收付，需要列入次日账，也形成了冲账日期与起息日期不一致的情况；等等。遇到这些特殊情况，除应在记账的当时，按照正常情况，根据账户余额划积数外，还应将记账日与起息日不一致的各笔业务，按照发生额计算应加减积数，即以调增或调减的余额乘以记账日与起息日相隔的日数。存款账户补记收方发生额，或者冲减付方发生额；贷款账户补记付方发生额或冲减收方发生额，为应加积数。反之，则为应减积数。应加的积数用蓝字，应减的积数用红字，记入调整错账同行的积数栏的上半格。调整积数的天数标注在"摘要"栏内，不应在"日数"栏中填列，以免重复计算日数。

（二）余额表计息方法

在银行账务处理中，有时对于经常变动的存款和贷款户，采取计算积数与核对分户账余额结合进行的办法。这样，就不在分户账上划积数，而是利用余额表计算积数，余额表就成了核对分户账余额和正确计算利息的重要工具。余额表计息方法是将存款和贷款户每日营业终了时的余额连续相加计算积数，进而求得利息的方法。具体做法是：每天营业终了将存款和贷款余额逐户分别抄列入"计息余额表"各账户栏内。如果当天余额没有发生变化应照抄上一天的余额。余额表应每旬结"小计"，更换余额表时应将未结息的累计积数转入新表的"结转累计积数"栏，以便连续计算结息期调整积数，以调增或调减的余额乘以错账日数，计算出应调增或应调减的积数，填入余额表中的"补增积数"或"补减积数"栏内。余额表中的"结转累计积数"加上三旬的"小计"，再加"补增积数"或减去"补减积数"，即为累计积数。平时余额表中的"应计利息金额"栏内不填数字，只到结息期的月份才将计算出的利息记入此栏。用累计积数计算利息的方法与分户账积数计息方法一样，不再举例。

🎖 任务训练

1. 储户聂军平定期整存整取存款 6000 元，存期 2 年，利率为月 2.8‰，按期支取，计算其应得利息。

2. 储户王晓蕾 2015 年 7 月 1 日定期整存整取存款 1000 元，存期 3 年，利率为月 5.8‰，于 2018 年 7 月 25 日支取，计算其应得利息。

🏃 项目小结

点钞的方法分为手工点钞法和机器点钞法。手工点钞的方法主要有手按式点钞法、手持式点钞法、扇面点钞法和混合点钞法，机器点钞较为简单，作为会计工作者要掌握 1 ~ 2 种以上的手工点钞方法。同时，要了解人民币的特征并掌握真假钞票的鉴别方法、掌握银行利息的计算方法等专业知识。

项目四　翻打传票和计算账表

认知目标

1. 认识传票基础知识。
2. 知悉账表计算方法及简捷查错法。

技能目标

1. 能够掌握传票运算的操作要领和技巧。
2. 能够熟练运用账表计算方法。

素养目标

1. 具有财经工作基本素质。
2. 具备良好的传票和账表计算素养。

任务一　翻打传票技术

任务描述

　　翻打传票，也称为传票算，是对传票进行汇总计算的方法。它可以为会计核算、财会分析、统计报表提供及时、准确、可靠的基础数字，是财经工作者必备的一项基本功，被列入全国会计技能比赛的正式项目。

![任务分解图示]

任务分解

```
翻打传票技术
├── 翻打传票基本技术
│   ├── 认识传票算
│   └── 掌握翻打传票基本功
├── 掌握珠算翻打传票技术
│   ├── 一次一页的打法
│   ├── 一次二页的打法
│   ├── 一次三页的打法
│   ├── 一次二十页的打法
│   └── 一次二页和三页打法的练习法
├── 掌握翰林提传票录入技能
│   ├── 认识翰林提翻打传票操作系统
│   ├── 掌握翰林提翻打传票基本功
│   └── 熟练翻打传票操作步骤
└── 掌握小键盘录入技术
    ├── 认识小键盘
    ├── 端正击键姿势
    ├── 熟悉击键指法
    └── 掌握击键要领
```

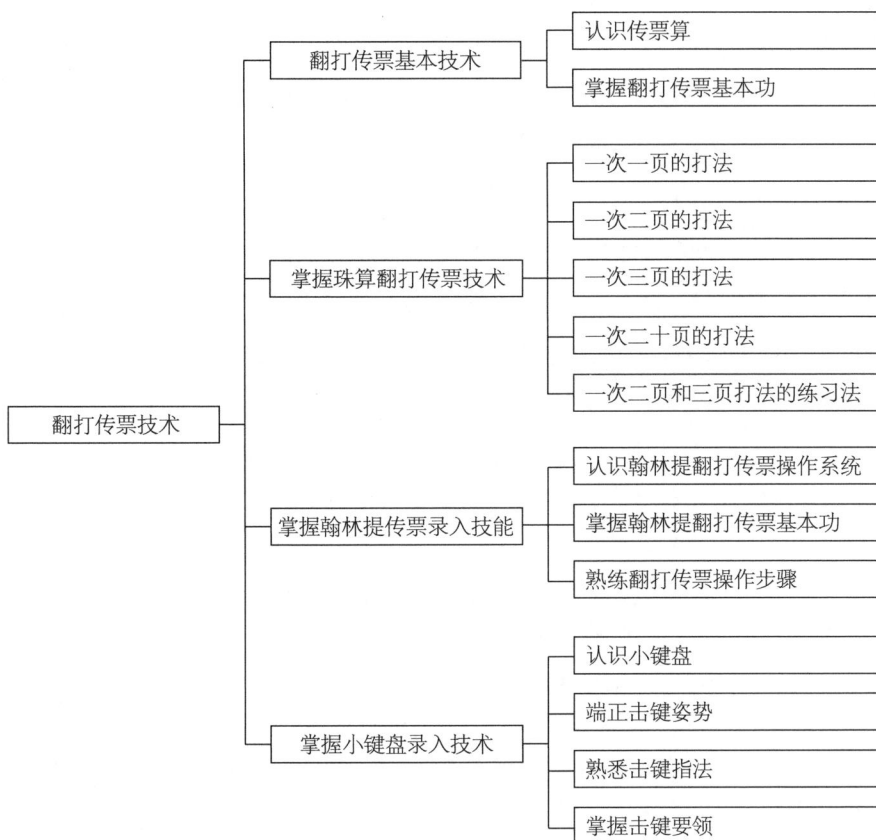

<h2 style="text-align:center">活动一　翻打传票基本技术</h2>

一、认识传票算

传票是记录文字和数字的单据（凭证），会计中常说的传票是用以传递记账用的凭证，是记账凭证的前称。传票包括凭证、发票、支票等。传票算是指对传票进行分类计算。传票算是全国珠算技术比赛和会计技能比赛项目之一，在实际工作中运用的相当广泛，如计算成沓的发票、收支凭证、有价证券等。因此学习传票算是很重要的。

认识传票算

现行珠算比赛和会计技能比赛中使用的传票（如图 4-1 所示）规格为：

（1）长 19cm、宽 9cm 的 60g 书写纸，用 4 号手写体铅字印制。每面各行数字下加横线，其中二行和四行为粗线。

（2）传票左上角装订成册，中间夹 1～2 根色带，每本共 100 页（反面没有数字）。

（3）每页 5 行，各行数字从 1～100 页均为 550 字，每笔最高为 7 位数，最低为 4 位数，全为金额单位。

（4）每连续 20 页为 1 题，计 110 字，0～9 各字码均衡出现。命题时任意选定起止页数。例如：第一题从第 6 页至第 25 页（一）行、第二题从 29 页至 48 页（三）行等。

（5）在每个数字前由上至下依次印有题号（一）（二）（三）（四）（五），（一）表示第一行数字，（二）表示第二行数字……（五）表示第五行数字。

（6）页码印在右上角，一般用阿拉伯数字标明。每页的尺寸一样，并在左上角有空白处，计算时可用夹子夹起运算。

（7）比赛时采用限时不限量的比赛办法，每场规定 15 分钟，每题规定打 20 页某一行数字的合计，共计 110 个数字，计算正确每题得 15 分。

D　第 **1** 页

(一)	641.72
(二)	7,012.94
(三)	9,426,037.81
(四)	481,035.27
(五)	28,704.19

图 4-1

表 4-1

顺　序	起 讫 页 数	行 次	答　数
一	39—58	（三）	
二	28—47	（五）	
三	50—69	（三）	
四	69—88	（一）	
五	46—65	（四）	
……	……	……	

传票算的样卷（如表 4-1 所示）中"顺序"表示计算的顺序，"一"表示第一道题，"二"表示第二道题，以此类推。比赛时不允许跳题，即两题之间丢一题不打。"起讫页数"中的"起"表示从哪一页开始计算，"讫"表示运算到哪一页为止。表中第一题的起讫页数是 39—58，表示从第 39 页起开始运算，一直运算到 58 页止。"行次"表示计算这一题的第几行，上表中第一题的行次是（三）表示要从第 39 页起一直到 58 页共计 20 页都计算第三行数字，20 页计算完毕得出的答数，写在表中的答数栏内，这样就完成了一道题的运算。

二、掌握翻打传票基本功

翻打传票技术是一种综合运算，它不仅需要灵活运用加减法运算，还要掌握左手翻页、找页及心算等基本功。

（一）传票摆放的位置

在进行传票运算时，一般是左手翻动传票，右手打算盘。传票应摆放在合适的位置上，如果使用小算盘，可将传票放在算盘的左上方。为便于左手翻页，传票的左底边应离开算盘顶框约 2cm，左手放在传票偏左的位置上，用拇指突出的部位翻动传票。如果使用中型算盘或大算盘，可将传票斜放在算盘的左下方。

（二）打扇形

在拿到传票时，首先检查传票中是否有缺页、重页的情况。为了在翻动传票时不会一次翻两页或更多页，在运算前可将传票捻成扇形，并使每张传票自然松动，不会出现粘在一起的情况。传票捻成扇形后可恢复原状进行翻页，或者不恢复原状用票夹夹住保留扇形翻页。打扇形的方法是用

打扇形

两手拇指放在传票封面上，两手的其余手指放在背面，左手捏住传票的左上角，右手拇指放在传票下面，然后向下捏，传票自然展开成扇形，扇形幅度不宜过大，只要把传票封面向下突出，背面向上突出，以左手食指能全部夹住已打开的传票为好。（如图 4-2 所示）

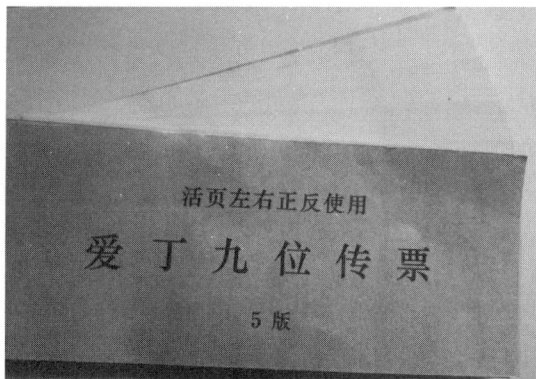

活页左右正反使用

爱丁九位传票

5 版

图 4-2

（三）翻页

在传票运算中，练好翻页的基本功非常重要，翻页速度的快慢直接影响到传票运算的速度和准确率。翻页时要把左手的中指、无名指和小指平放在传票的左下角，当拇指翻上一页后，食指迅速放在其下面，将传票夹住。随即拇指做翻页的准备。翻页与拨珠必须同时进行，票页不宜掀得太高，角度越小越好，以能看清数据为准。

（四）找页

现行珠算比赛传票算不是一页一页打下来的，而是任意连续的 20 页，如前例的五道算题，第一题就是 11 页到 30 页，第二题又倒至 28 页至 47 页。由此可见，必须学会传票的找页，找页是打传票的一个很重要的基本功。找页又务必与看行、看数、拨珠等动作连

贯在一起。现以第一节所举例子为例，讲解一下如何翻页、找页。当左手拿到传票后，翻动几次迅速找到 11 页，然后看数运算，运算完一题后，右手迅速抄写答数，并用眼睛余光先快速注意一下下一题的起页，确定下一题是顺着继续往下翻还是倒着往回找页，于是用左手同时做顺翻或倒翻的动作。如第二题的起页为 28 页是倒翻方向，于是将传票页数往前倒，方法是将左手食指放下倒回传票，有时能刚好倒在起页上。有时还需翻动一两次，不过这个动作要在右手答数抄好时就能完成。第三题起页是 50 页，属顺翻，在第二题计算完后，右手抄答数，眼睛余光注意到起页是 50 页，就可以大约翻过几页，尽量能翻到靠近起页为妙。

当然这些方法在刚开始练时还有很大难度，初练时可一项一项地练：先练翻页，翻到运用自如时为止；再练找页，凭手的感觉估摸传票 20 页、40 页、60 页、80 页的厚度，再估摸传票 30 页、50 页、70 页、90 页的厚度。在此基础上可练习翻各题的起页，一般在翻两三次就能找到起页就差不多了。

（五）记页

打传票时，除了要掌握找页和翻页这两个基功外，还要掌握好记住所打页数的基本功。为了避免计算过页或行算不够页。最好每打一页默记一页，打第一次默记 1，打第二次默记 2……打到二十页，默记 20，最后对照该题的起讫页码，如无误，就立即书写答数，如果打一目二页，一题只要记十次。来回打时记去数，也只默记十次。

（六）看数和记数

看数练习是珠算练习的第一环节。因此，打传票也离不开看数。翻页和找页熟练后，看数不熟练仍影响计算速度。由于传票上的数字与其他项目的数字不同，传票算题离算盘距离较远，而且每个计算题又是不同的行次，因此在初练时必须先看了数字再看算盘，随着算题的加长，便应改为边看边默记边入盘。记数时，根据数字三位一分节的特点去看、去记。对较长的数据可以分两次看完。经过较长时间的训练后，方可达到随翻随看随拨珠，并且可以采用下面将要介绍的方法进行运算。

活动二　掌握珠算翻打传票技术

一、一次一页的打法

一次一页的打法是翻一页打一页。一次一页打法可分为传统打法与来回打法两种。

传统打法是翻一页传票将算题规定计算的某一行次数字从左至右拨入算盘，然后再翻一页传票，再将算题规定计算的某一行次的数字从左至右拨入算盘，由此运算完为止。例如，计算第 39 至 58 页第三行的和数。第 39 页第三行是 687.41，第 40 页是 29 138.65，第 41 页是 5 317.92……运算时，先找出第 39 页第三行数字是 687.41，并由高位到低位拨入算盘，然后翻过第 39 页，眼看第 40 页第三行数字为 29 138.65，并由高位到低位拨加 29 138.65……

来回打法曾在上一节账表算的横行加减算中提到过，它是先从高位运算到低位，翻过一页后，再从低位运算到高位，这样反反复复运算完毕。

由此可见，传统打法从高位到低位运算，容易看数拨珠，便于运算，但速度不快。也会发现多翻页或少翻页的错误。而来回打法速度相比之下要比传统打法快，并且可以知道多翻或少翻页的错误，但难度比传统打法大一些，容易看错位或看错行。总之，一次一页打法不是理想的高速打法，它必定要受到左右手协调性的制约，而且它又是纯粹性的珠算打法，要想加快运算速度，就必须突破传统的一次一页的打法。

二、一次二页的打法

一次二页的打法是心算二页合计直接一次拨珠。心算两页合计如同心算加减法所采用的一目两行一样，练习熟练还是容易掌握的。这里主要就是牵涉如何一次翻二页的问题。一次翻二页的具体方法是：中指、无名指、小指放在传票封面上，食指放在起页上，拇指略翻起传票，翻的高度以能看到次页传票数字为标准，然后将用心算计算出两页有关行次的数字之和拨入算盘。当和数的最后两个数字或一个数字即将摸档拨入算盘时，拇指则迅速将前二页翻过，食指夹住，再用拇指略翻起传票，如此一次二页地进行下去。

三、一次三页的打法

一次三页的打法是将传票的三页有关数字心算相加一次拨珠。其翻页方法如下：无名指和小拇指放在传票的封面上，中指放在算题的起页上，然后大拇指翻起一页用食指夹住，大拇指再翻起一页，使眼睛能迅速看清三页里有关行次的数字，然后心算出三页对应行数字之和直接拨入算盘。当和数的最后二位数字即将摸档拨入算盘时，大拇指应迅速将前三页翻过，中指夹住，大拇指翻起一页，食指夹住，大拇指再翻过一页，如此方法一次翻三页传票运算下去。由于三页一次运算难度更大，故可先将算题的第一、二页有关行数迅速心算，再与第三行对应行数字相加，一次拨珠成功。

四、一次二十页的打法

一次二十页的打法是心算二十页的有关算题数字一次拨珠。这就要求练习者要有珠算式心算的基础（珠算式心算将在后面有关项目里详细介绍）。翻页的方法有两种：一是按传统的一次一页的打法，左手迅速翻页，大脑心算；二是用两手翻页，像点钞票一样，按分节进行脑心算。

因算题数字较多，故心算可分三次进行：先对最高位十万位至千位进行心算，算好二十页数字之和拨入算盘；再将传票倒回页，心算百位至个位的数字之和，算好二十页加入算盘；最后再将传票倒回起页，心算最后两位小数之和，算好二十页加入算盘。

一次二十页的打法速度是很快的，但它要求选手具有很好的珠算式心算的基础，目前我国选手还有待于学习和掌握此打法。

五、一次二页和三页打法的练习法

的确，一次二页和一次三页的打法速度较快，但难于练习和难于掌握。更关键的问题是翻页和心算要过关。因此，我们可以试着分步进行练习：

（1）模拟拨珠心算练习。平时单独训练翻页心算，不进行拨珠运算，先练一次翻二页心算，再练一次翻三页心算。

（2）用一次翻二页，心算传票第五行数字，因为第五行数字是传票的最后一行，容易看得清、记得住，不易错位或错行，然后再逐步往上移，即一次二页心算第四行、第三行直至第一行。

（3）用一次翻三页，心算传票各页第五行数字，然后逐步往上移，心算各页第四行、第三行直至第一行。

总之，只要下一定的功夫，多算多练，必能收到很好的效果。目前我国选手多采用一次二页或一次三页打法。

现行的全国会计技能比赛规定翻打传票比赛采用爱丁数码公司翰林提 T96BW 输入设备，计算时只能一页页用数字小键盘录入，不得采用心算技术。

活动三　掌握翰林提传票录入技能

前面介绍了传票算是全国珠算技术比赛五项目之一，随着电子计算工具的普及，目前全国各地职业院校技能大赛中传票翻打项目基本上都采用爱丁数码翰林提传票录入技术。

一、认识翰林提翻打传票操作系统

第一步，系统主界面选择【传票翻打】进入【传票翻打】目录。（如图4-3所示）

认识翰林提翻打传票系统

第二步，选择"设置"，进行［组别设置］。

将［每组题数］设为"20题"，［跳转方式］设为"国赛跳转"，设置完毕后点［确定］或按［Enter］键自动保存设置。（如图4-4所示）

图 4-3

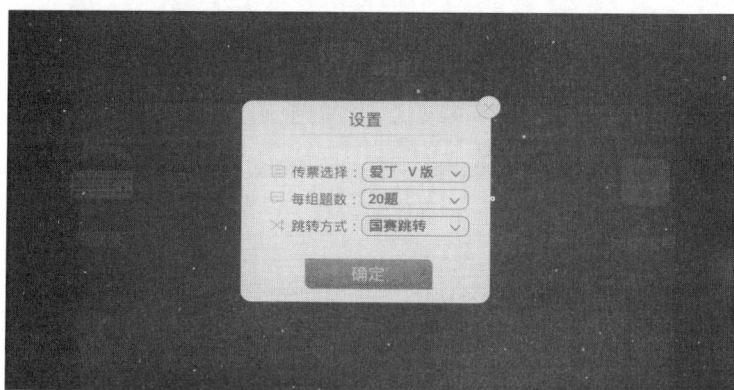

图 4-4

第三步，在【传票翻打】目录下选择"传票算"，进入【传票算】功能菜单。

（1）选择"传票算测试"或"传票录"（如图 4-5 所示），二者的区别在于在测试模式下，系统可以保存最后成绩，并且可以通过无线模块发送测试成绩，该模式可以做比赛时使用。练习模式下，系统不保存成绩，也不能发送成绩，但是可以保存成长历程，该模式只用做练习时使用。以下以传票算测试为例介绍。

图 4-5

（2）例如选择［传票算测试］，下一步选择所要录入的传票本"爱丁 V 版 A"。（如图 4-6 所示）

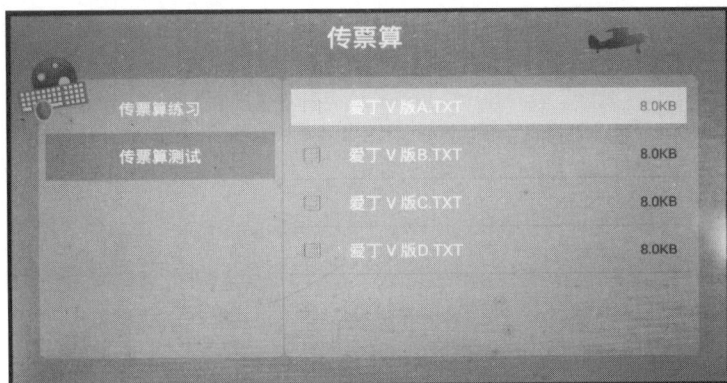

图 4-6

（3）例如选择"爱丁 V 版 A"，开始设置：测试时间、起始页、行次。（如图 4-7 所示）

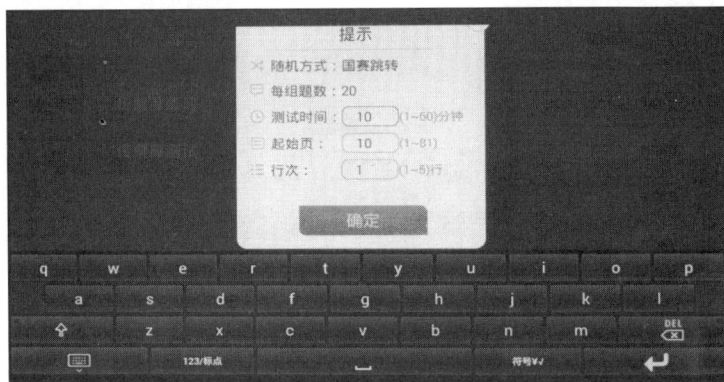

图 4-7

第四步，设置完毕后，点［确定］或按［Enter］键即可开始录入。（如图 4-8 所示）

图 4-8

（1）关于录入界面的相关解释说明。

第一部分内容：当前输入的组别、当前组的起止页、输入的行序号。

中间部分内容：上一组数据的最终结果。

下面部分内容：当前组数据的计算区域，学生可以任意 +/− 计算。

（2）用户退出或者倒计时结束时，系统会按照录入界面提示页码和行次进行累加自动计算成绩，并且显示在屏幕上。（如图 4-9 所示）

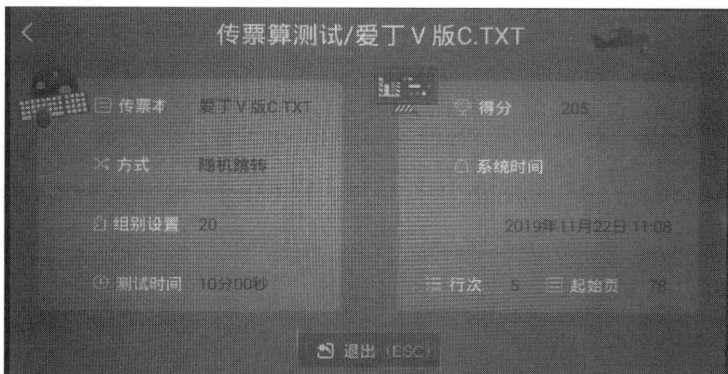

图 4-9

二、掌握翰林提翻打传票基本功

要想熟练的运用翰林提来进行传票翻打，姿势和指法都是相当重要的。正确的姿势和指法不仅可减轻人的疲劳感，在进行传票翻打训练中也能起到事半功倍的作用。

（一）正确的姿势

运用翰林提来进行传票翻打，正确的姿势要求具体如下：

（1）身体坐直，肩部放松，腰背不要弯曲。

（2）小臂与手腕略向上倾斜，手腕平直，两肘微垂，轻轻贴于腋下。

（3）手指弯曲自然适度，自然下垂，形成勺状，轻放在小键盘上。

（4）打字时手腕要悬空，敲击键盘要有节奏，击完键后手指要立即回到基准键位。

（5）各个手指要分工明确，各司其职，不能越到其他区域敲击键盘。

（6）击键的力度要适中，不要过轻或过重。

**掌握翰林提
翻打传票基本功**

（二）准确的指法

翰林提传票翻打使用小键盘区，一般右手操作，手指在键盘上的位置非常重要。要提高数字的录入速度，各手指负责的按键有严格的区分。为了便于有效地使用小键盘，通常规定右手的食指、中指、无名指和小拇指依次位于第三排的"4""5""6""Enter"基准键上。其中"5"键上有一个小突起，是用来定位的。当准备操作小键盘时，手指应轻轻地

放在相应的基准键上，按完其他键后，应立即回到相应的基准键上。

各手指的分工如表 4-2 所示。

表 4-2

右手手指	基准键位	手指分工
大拇指		0
食指	4	NumLock、7、4、1
中指	5	／、8、5、2
无名指	6	★、9、6、3、.（小数点）
小拇指	Enter	—、+、Enter

三、熟练翻打传票操作步骤

（一）整理传票

传票在翻打前，首先要检查传票是否有错误，如有无缺页、重页、数码不清、错行、装订方向错误等，一经发现，应及时更换传票，待检查无误后，方可整理传票。

整理传票即将传票捻成扇形，使每张传票自然松动，不会出现粘在一起的情况。（如图 4-10 所示）

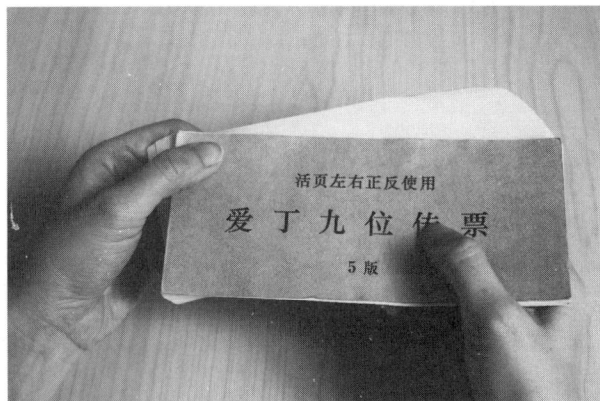

图 4-10

最后用夹子将传票的左上角夹住，再用一个较小的票夹夹在传票最后一页的右下角，将传票架起，使扇形固定，防止错乱。（如图 4-11 所示）

图 4-11

（二）摆放合理

整理好的传票应摆放在桌面适当的位置。如果使用小键盘，可将传票放在算具的左下方，贴近算具，以便于看数翻打。

> **? 提 示**
>
> 捻成的扇形幅度不宜过大，只要把传票封面向下突出，便于翻页即可。

（三）找页迅速

因为传票算需从传票中找出某 20 页的起页码，找页的动作快慢、准确与否，直接影响传票翻打的准确与速度。找页是传票翻打的基本功之一，必须加强练习。

找页的关键是练手感，即摸纸页的厚度，如 10 页、20 页、30 页、50 页等的厚度。做到仅凭手的感觉就可以一次翻到临近的页码上，然后再用左手向前向后调整，迅速翻至要找的页码。

找页时可按以下步骤循序渐进地进行练习，要求做到 2～3 次找到目标页码，争取 1～2 次找到目标页码。

（1）先练找 50 页。传票共有 100 页，将其对半分，找起来较易，应反复练习。

（2）再练找 10 页。10 页厚度是一个最重要的页码，它是"找页"中最重要的一步，要多花时间练习，明确了 10 页厚度，对以后的练习将大有裨益。

（3）再练找 20 页、40 页、60 页、80 页。20 页是 10 页厚度的两倍，30 页是 10 页厚度的 3 倍，以此类推，就能迅速找到目标页码。

（4）最后练找任意页码。因传票算运算页码在 1～100 之间，要迅速找到目标页码，关键是要练好找任意页码。

找页的基本要求是：右手在敲击数字小键盘传票的数字时，用眼睛的余光看清下一传票的起始页数，用左手迅速准确找到对应页数，做到边写答案边找页。

（四）翻页准确

传票翻打要求用左手翻传票，右手敲击数字小键盘，两手同时进行。传票翻页的方法是：将左手的小拇指、无名指放在传票封面的左下方，食指、大拇指放在每题的起始页，然后中指配合挡住已翻过的页，食指配合将传票一页一页掀起。

活动四　掌握小键盘录入技术

一、认识小键盘

小键盘录入技术的小键盘通常是指电脑键盘右边的数字键区。小键盘一般由 17 个键组成，包括数字键、运算符号键、数字锁定键（Num Lock 键）及回车键（Enter 键）等（如图 4–12 所示）。所有的按键都具有双重功能：一是代表数字、小数点和运算符号；二是代表某种编辑功能。由 Num Lock 键来实现两种功能的转换。

小键盘的键位从上至下如表 4–3 所示。

图 4–12

表 4–3

序号	第一列	第二列	第三列	第四列
第一行	Num Lock 键	/ 键（除）	★键（乘）	–（减）
第二行	数字 7（Home）	数字 8（↑）	数字 9（PgUp）	+（加）
第三行	数字 4（←）	数字 5	数字 6（→）	
第四行	数字 1（End）	数字 2（↓）	数字 3（PgDn）	Enter 键（回车键）
第五行	数字 0（Ins）		字符 "."（Del）	

（1）第一列的 Num Lock 键（数字锁定键），用于控制数字键的使用状态。按下该键，键盘上的 "Num Lock" 指示灯亮，此时小键盘上的数字键可以输入数字；再按一次 "Num Lock" 键，"Num Lock" 指示灯灭，数字键可作为光标移动键使用。数字锁定键又称为数字/光标移动转换键。

（2）运算符号键：+、–、★、/，用于输入加、减、乘、除。

（3）数字键：0 ~ 9 数字键，用于输入数字。

（4）删除键：用于输入字符 "."，与 Delete 键的功能相同。

（5）回车键（Enter 键）：其功能和主键盘的 Enter 键相同。

认识小键盘

二、端正击键姿势

（一）坐姿

端正而自然，身躯挺直，身体和桌沿保持一个拳头的距离，上体略为前倾，两脚自然分开着地与肩同宽，头稍低垂。（如图 4-13 所示）

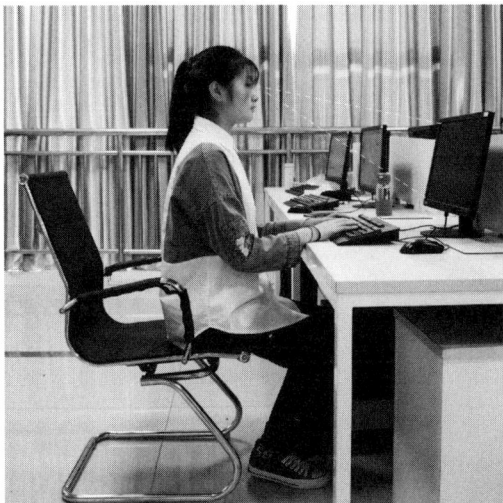

图 4-13

（二）手臂、肘、腕

击键时两臂自然放松。大臂与小臂成 90℃ 左右，小臂与手腕略向上倾斜，腕和肘微离盘面，手腕不可拱起。切忌手掌接触桌面和键盘，手腕略内扣，上臂与肘略近身躯，便于双臂轻松悬垂使双手手指快捷地触及键位（否则双手和键盘、桌面之间存在的摩擦力将极大地阻碍快速击键）。

（三）手指、手掌

手指、手掌要与键盘表面的斜度相一致，手指略微弯曲，食指、中指和无名指轻放在基本键位（4，5，6 数字键）上。

三、熟悉击键指法

击键录入数字时，用右手五指控制小键盘所有键位，即食指、中指、无名、大拇指和小拇指联合进行操作击键。（如图 4-14 所示）

（1）食指：右手食指控制 1，4，7 及 Num Lock 键位。

（2）中指：右手中指控制 2，5，8 及 1 键位。

（3）无名指：右手无名指控制 3，6，9，* 和小数点键位。

（4）大拇指控制 0 键位。

熟悉击键指法

（5）小拇指控制 –、+ 和 Enter 键位。

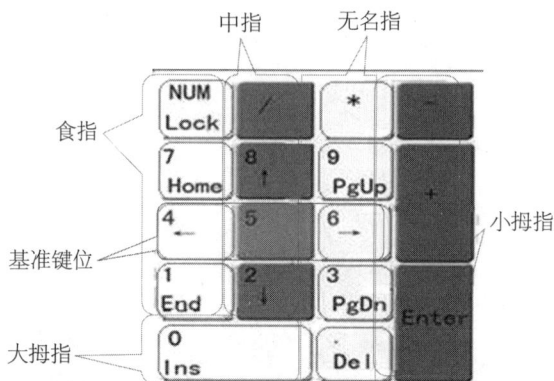

图 4-14

四、掌握击键要领

第一，击键时各手指指关节弯曲，指尖（肚）轻立在基本键位上，击键时手腕不动，手指发力下击且每个手指只负责相应的几个键，不要混淆。

第二，手腕平直，手指弯曲自然，手指下击时先抬高离键面 1 ~ 2cm，击键指找准键位迅速击下，并立即回归到基本键位上，其他不击键指保持原状态不动，击键只限于手指指尖，身体其他部分不要接触工作台或键盘。

第三，击基本键（中排 4，5，6）时将手指提起迅速击下，击上排（7，8，9）时手指直接伸出击键，手腕尽量保持不动。击下排（1，2，3，0 和小数点）时手腕轻微向下平行移动。手指略弯曲使手指到位，击键手指不能卷向掌心。

第四，击键应做到果断、迅速，不能拖泥带水，不能连击，不能触动非击键。击键手指应富有弹性、有节奏感。

【实战训练技巧】小键盘指法训练

【方法一】基准键位练习

先练"4，5，6"基准键位，再分指练习，食指"1，4，7"，中指"2，5，8"，无名指"．，3，6，9"，小拇指"+、Enter"，大拇指"0"。

【方法二】百子盲打训练

借助翰林提机器里的计算器功能，练习 1+2+3+4+…+99+100，眼睛看屏不看键，答案是 5 050。

🏅 任务训练

一、传票算训练

1. 训练准备：算盘一把，传票练功券一个。

2. 采用一次一页打法用算盘计算下列各题。

顺序	起讫页数	行次	答数
1	5—24		
2	31—50		
3	57—76		
4	62—81		
5	71—90		
6	73—94		
7	12—31		
8	18—37		
9	35—54		
10	51—70		

二、传票算训练

1. 训练准备：算盘一把，传票练功券一个。

2. 采用一次二页打法用算盘计算下列各题。

顺序	起讫页数	行次	答数
1	24—43		
2	50—69		
3	76—95		
4	81—100		
5	52—71		
6	54—73		
7	60—79		
8	26—55		
9	45—64		
10	59—78		

三、传票算训练

1. 训练准备：翰林提传票录入设备（平板）一个、爱丁九位传票练功券一个。

2. 采用翰林提传票录入设备计算下列各题。

顺序	起讫页数	行次	答数
1	5−24		
2	31−50		
3	57−76		
4	62−81		
5	71−90		
6	73−94		
7	12−31		
8	18−37		
9	35−54		
10	51−70		

任务二　知悉账表计算方法

任务描述

账表算又称表格算，是珠算技术比赛五项目之一。它是把纵行运算与横行运算合并于一张表格中，用横行栏和纵行栏相互交叉的数据分别进行横行和纵行相加减运算，最后求得两个总数相等，俗称"轧平"的计算。

任务分解

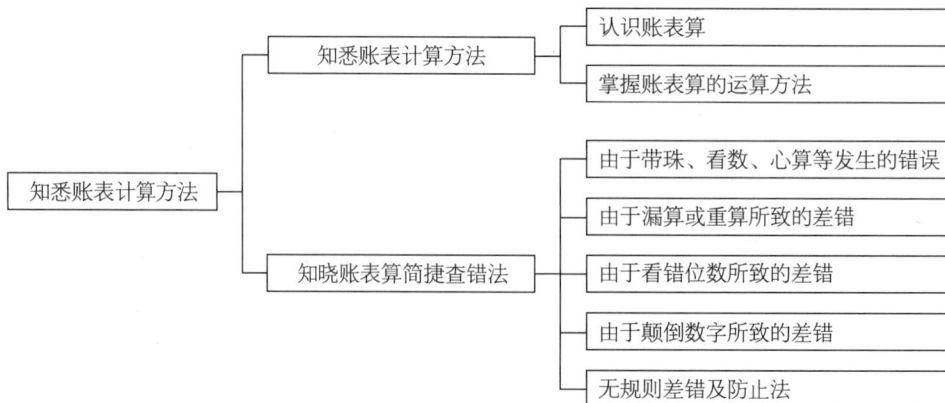

活动一　知悉账表计算方法

一、认识账表算

账表算的运用极其普遍，特别是我们的财会、统计人员经常同账表算打交道，并以它作为汇总数据的重要方法。

全国新标准比赛使用的账表，其结构一般为：

（1）每张表由横五栏纵二十行数码组成，即纵向 5 个算题、横向 20 个算题。要求纵、横轧平，结出总计数。

（2）账表中各行数字最低为四位，最高为八位。纵向 5 个算题，每题为 120 个字码，由四至八位数各四行组成；横向每题为 30 个字码，由四至八位数各一行组成。均为整数，不带角分。

（3）每张账表中有四个减号，纵向第四、五题中各有两个，并分别提高排列在横向四个题中。

（4）账表算不设倒减法。

二、掌握账表算的运算方法

账表算每题必须做到准确无误，最后才能使横行与纵行两个总额相等。因此，它的难度显然要比加减法运算大得多。一张账表中如果在横行与纵行中错了一道算题，那么运算结果中横行与纵行的总额就不能相等。

现行全国比赛办法规定账表的纵向 5 题，每题 14 分，横向 20 题每题 4 分，纵横两总数轧平，再加 50 分。因此要尽量做到使每道题都能计算准确，这就需要在运算方法上下一定的功夫。由于平时练习都是接触纵行加减算，对横行加减算练习太少，所以对横行加减算就缺乏有一定速度的简捷算法。在本节里，我们着重探讨账表算的运算方法。

（一）基本功训练

很显然，账表算的基本功来源于基本加减法，它同加减法最初练习一样，必须有过硬的拨珠指法和看数、写数等本领。就账表算基本功而言，其练习程序按下面所示进行。

1. 握盘

把账表平放于桌上，表的正面位于自己的胸前方，用左手握住菱形长条形小算盘（用此种算盘打账表最适合）放于账表面上，用右手逐行从上而下夹笔拨珠。握盘的方法是用左手握算盘左端四、五档的上下框边。大拇指握住算盘的下框，食指、中指、无名指和小拇指等四指握住算盘的上框，食指与中指尽量能接近清盘器可随时清盘。握盘时不要把手指弯曲于算盘底部，以免触珠或使算盘不平。

2. 算前定位

前面已分别讲过运算前在算盘上可标明位数，并按三位一个分节，这样便可迅速判断出所给的数据的最高位或最低位在算盘上所处的位置。

3. 移盘

尽管菱珠中型算盘经过改装在其底部安有三个呈三角形的橡皮垫，这样便在算盘底部形成一纸厚的空隙。但是，通常也不用左手将账表在算盘底下做上下移动。因为这样做会使左手离开算盘，那么左手握盘已失去意义，从而也就实现不了提高运算速度的目的。因此，在开始运算时，即将算盘放于表的上方，露出第一行算题，左手握盘，右手夹笔拨珠，再移动算盘露出第二行算题，左手握盘，右手夹笔拨珠……如此一直移盘运算下去。熟练时，可把整个动作连贯起来。即在右手拨珠的同时，左手则缓缓将算盘向下移动至下一道算题，此时刚好上一道算题已拨完，同时已看好下道算题的数据，迅速拨珠，如此完成下去。注意移盘时要持平，千万不要倾斜，以免滑珠；动作要轻稳以防串珠。

（二）横行加减算

1. 一目一行进行运算

同加减法横行运算一样，看一行打一行。一行数字运算好后，左手向右移指着下一行数字，右手从高位到低位进行拨珠。这种打法比较传统，对于初学者掌握一些基本要领很有好处，但它总归运算速度缓慢，手左右移动次数太多，并且首位数比较难找。

2. 一目二行进行运算

待有了比较好的握盘、移盘等基本功后，就有必要进行速度练习，即要采取珠算与心算相结合的运算方法。横行珠脑结合运算主要有下面两种方法：

（1）将账表的横行二行合并做一次运算，运算两次后，第五行直接拨加，简称"二二一"打法。

（2）将首尾两行合并做一次运算，中间一行直接拨加，这种方法犹如一人挑着柴担一样，简称"二一二"打法。

由此可见，横行一目二行的运算主要是解决横二行合并连加算的问题，这里介绍几种方法。

①先十法。先十法就是在两数相加时，预见到某位相加需进位（或退位），提前进行进位（退位）。

如 638+27=665，预见到个位 8+7 需进 1，就在十位档上 3+2 时提前多加 1（即 6）。当遇到连续进位时，运用先十法，可以大大减少拨珠次数。如：13 876+7 365=21 241，预见到其千位以下位数都要进 1，故首先在万位上加 1 为 2，其下相应位数皆多加 1，便得答数 21 241。

对于加减混合题，由于减法是加法的逆运算，因此可用下列方法来进行运算：当被减数不够减时须向前一位借"1"，本档加上退一的补数。如346-38按常规运算，被减数346拨入算盘后，减去38时是在十位档减去3，个位档减去8，而个位档的被减数只有6，不够减需向十位数借1减，个位档加上补数2。这样拨珠次数为三次。如预先在十位档多减"1"，即直接减去4，个位档加上减数8的补数2，这样就减少拨珠一次。再以账表运算题为例：785 639-49 258，减数可化成借1，原数看补：即将 -49 258 可看成 -50 000+742，便得答数 736 381。当被减数与减数的前位是相同的，而后一位被减数又小于减数，如7 382-386千位上预前位减1，百位和十位变9，个位凑补为4，即得6 996，这样很显然减少了拨珠次数。

②分节加减。横行数字在表中一般距离较大，认档落珠有一定困难，如改用横行按分节号运算，则数字较少，视线较短，易于合并定档拨珠，并且准确率较高。

现以一行账表横行题为例，说明此种运算方法。（如表4-3所示）

表4-3

序 号	（一）	（二）	（三）	（四）	（五）	合 计
1	2 354 987	20 913 874	439 067	53 618	8 401	

拨算程序	盘 式							
	8	7	6	5	4	3	2	1
①从最高节算起，第一、二两数最高节 2+20+1（先进）→ 23	2	3						
第一、二两行两数中间节 354+913+1（先进）→ 1 268	2	3	2	6	8			
第一、二两行两数末节 987+874 → 1 861	2	3	2	6	8	8	6	1
②从最高节算起，第三、四两行两数		`						
最高节 438+53 → 492	2	3	7	6	0	8	6	1
067+618 → 685	2	3	7	6	1	5	4	6
③最后直加第五行数 8 401，照数拨入算盘，得出答数	2	3	7	6	9	9	4	7

③来回运算。就如竖行加减的来回运算一样，所不同的是，每"来"一次不是一行而是五行，每"回"一次也是五行。具体打法是：将第一行横一、二栏，横三、四栏，横五栏从高位到低位拨加后，再将第二行横五、四栏，横三、二栏，横一栏从低位到高位拨加，如此进行下去，也可以采用前面所述的一目二行的方法，即"二一二"行的打法。这种打法可减少手在运算中的移动次数，又大大减少了找位（只要确定个位就行了）的时间，速度还是较快的。来回打法也适合于传票算。我国现行规定传票算是 20 页为一题，如果用来回打法刚好是十个来回，若第一行从左至右，那么最后一行就是从右至左，因此可以检验少打或多打。但来回打法如同织布一样，一会儿左，一会儿右，速度虽然快，练习起

来比其他方法又要难一些。这里仅举一例，分别用"二二一"行来回打法和"二一二"行来回打法进行运算。（如表4-4所示）

表4-4

序 号	（一）	（二）	（三）	（四）	（五）	合 计
1	4 709	78 915	17 905 361	812 609	4 732 861	23 584 458
2	79 385 126	3 046	9 053 628	63 571	286 039	88 791 410
3	4 621 583	84 670 912	718 243	2 487	57 403	
4	674 021	3 259 876	17 905	15 390 248	9 182	

仅列出第一、二两行的计算过程为例。

"二二一"行来回运算法：

第一行（如表4-5所示）

表4-5

拨算程序	盘 式							
	8	7	6	5	4	3	2	1
①横栏第一、二栏从高位到低位算起心算相加得出 83 624 拨入算盘				8	3	6	2	4
②横栏第三、四栏从高位到低位算起心算相加得出 18 747 973 入盘，这时算盘读数为 18 831 597	1	8	8	3	1	5	9	7
③横栏第五栏 4 752 861 直接入盘，得出结果是 23 584 458	2	3	5	8	4	4	5	8

第二行（如表4-6所示）

表4-6

拨算程序	盘 式							
	8	7	6	5	4	3	2	1
①横栏第五、四栏从低位到高位心算出 016 943 入盘			3	4	9	6	1	0
②横栏第三、二栏从低位到高位心算出 4 766 509 入盘，得 9 406 284		9	4	0	6	2	8	4
③横栏第一栏从低位到高位直拨 62 158 397 入盘，得出计算结果为 88 791 410	8	8	7	9	1	4	1	0

"二一二"行来回运算法：

第一行（如表 4-7 所示）

表 4-7

拨算程序	盘 式							
	8	7	6	5	4	3	2	1
①横栏第一、二栏从高位到低位算起，心算相加得出 83 624				8	3	6	2	4
②横栏第三栏直拨加 17 905 364 入盘，得 17 988 988	1	7	9	8	8	9	8	8
③横栏第四、五栏从高位到低位算起，心算相加得出 5 595 470 入盘，得出结果 23 584 458	2	3	5	8	4	4	5	8

第二行（如表 4-8 所示）

表 4-8

拨算程序	盘 式							
	8	7	6	5	4	3	2	1
①横栏第五、四栏从低位到高位心算得出 016 943 入盘			3	4	9	6	1	0
②第三栏从低位到高位直接拨加 8 263 509 入盘得 9 403 238		9	4	0	3	2	3	8
③第二、一栏从低位到高位心算得出 27 188 397 入盘，计算结果为 88 791 410	8	8	7	9	1	4	1	0

（三）纵行加减算

纵行加减算的珠脑心算主要有一目二行、一目三行、一目多行弃九法等。

活动二　知晓账表算简捷查错法

在珠算运算过程中对计算结果有怀疑，特别是现行比赛的账表算纵横两行轧不平，就必须学会迅速查出差错并且予以更正，这样使运算的准确率得以提高。在实际工作中，学会迅速查错，有利于提高自己的工作效率，少出现差错。本节将介绍一些基本差错的原因及订正方法。

一、由于带珠、看数、心算等发生的错误

查找的方法具体如下。

（一）头错复头，尾错复尾

首先，差错数是一个不规律的数字。

其次，差错数在首一、二位数，最末一位数字或最末的一、二位数字。

如果差数在首一、二位数上，就把首位次位重新计算，第三位用四舍五入法估数加入；如果差数在最末一位上，只要用目测心算累计出末位个位，不记进位数就行了；如果差数错在最末的第二位上（十位数），就要计算末二位数字之和。

（二）错在中间某一位时，查法有二

第一，重新计算差错数的本位及后一位，对后一位数用四舍五入法加计。如果中间数字错二位，就要查二位本位，再查二位后一位用四舍五入法加计。

第二，目测差错数位前后有无相同或相似数码，如差数正好是此相同或相似数码的差额，便是看数错误。例如：把 366 看成 336；中间数 417 看成 477，中间数差 6；等等。

二、由于漏算或重算所致的差错

当发生的差错数很没有规律，但在算题里出现与差错数相同的数，可能就是重算或漏算了算题，需立即加以纠正。

如：6 489+257+6 103+849+948+536=15 182

当得出答数是 14 234 时，差额少了 948，再看原数中正好有此数，说明就是漏算了。

三、由于看错位数所致的差错

这种差错一般是一个多位数。错位情况一种可能是把小数字看大，还有一种情况可能是把大数字看小。这样，这类差错题一般是把原数扩大或缩小了十倍，因此，可以把差数先除以 9 所得的商数再乘以 10 或除以 10 便可得到查正。

如纵行与横栏两个总数相差 576，将 576÷9 得 64，再用 64×10 得 640，就可以判定是将 640 看成了 64，然后，再在横栏或纵行中查找，如发现是在第四横栏与第八纵行交叉处有 640，就复算一下第四栏与第八行的合计数，看错在哪一行栏，予以更正。

四、由于颠倒数字所致的差错

颠倒数字而发生的差错有两个特点：一是差数是一位或二位数字；二是差数能被 9 除尽。

（一）两位数颠倒

一般来说，凡是差数在两位数以内且是 9 的倍数（即差数是 9 至 81 以内的 9 的倍数），肯定是最末两位数字颠倒。例如：账表算纵横两栏总数相差 63，被 9 除为 7，那么就在表内各组迅速找出两位数相差为 7 的数。如 07, 18, 29 等是否被看成了 70, 81, 92, 然后查对一下这些数字所在栏的合计数, 迅速更正。

凡差数是在 90 至 810 以内 9 的倍数, 肯定是最末第二和第三位数字颠倒, 凡差数是在 900 至 8 100 以内 9 的倍数, 一定是在最末第三和第四位数字颠倒, 其余依次类推, 仍以账表为例, 如果纵横第五行 974 328 误打成 947 328, 两者差数为 27 000, 27 000÷9=3 000, 即在最末第四行数字 74 打成了 47。再如加减算中打出得数与正确答案相差 270, 被 9 除为 30, 说明在最末第二、三行数字看错, 然后查找各组数字有可能出现差数 3 的, 如 03, 14, 25, 36, 47, 一直到 69 等, 发现后核对一下, 予以更正。

（二）三位数颠倒

三位数倒置所引起的差数同样能被 9 除尽, 同时也是 11 的倍数, 并且差错的首尾之和等于 9。差数除以 9 再除以 11 所得的商数, 即为倒置两位的首尾之差。例如: 将 401 看作 104, 差数为 297, 297÷3=33, 33÷11=3, 即 3 为被误看倒置数的首尾之差（4 与 1 之差）。

同样, 当在差数中出现多几个 0 或少几个 0 时, 例如: 将 670 误成 67 000, 多 66 330, 66 330÷9=7 370, 7 370÷11=67, 即得出差错之地。再如: 将 54 000 误为 540, 少 53 460, 53 460÷9=5 940, 5 940÷11=54, 找出有关行次, 予以更正。

五、无规则差错及防止法

（一）二倍差查找法

由于看错数字的正负号, 该加的成减, 该减的成加, 就会产生二倍于该数字的差错, 可将差数用 2 除一下, 再看计算组里有否与差数半数相同的数。以加作减的差数小于错算数组的二倍, 以减作加的差数大于错算数组里的二倍, 查出后, 予以更正。

（二）由于用力不当而发生带珠的情况

菱形长条形小算盘珠距较小, 拨珠时如果用力猛一点, 算珠就会弹回; 用力不足, 又会拨不到预定的地方, 形成在中梁与算盘之间"似是而非"的数字, 这样往往会产生类似于多 5 或少 5 的错误。另外还会出现带珠的情况, 纠正方法是拨珠时要清醒、谨慎, 注意手指的清晰度和用力度, 无名指与小拇指放在正确的位置。

对于有规律的差错, 还是容易更正的, 对于无规律的差错, 查对时就很麻烦, 因为得重复计算, 因此, 提高选手的准确度是至关重要的。表 4-9 中纵横两栏合计轧不平, 请清查出属哪一种差错, 并予以更正。

表 4-9

序 号	（一）	（二）	（三）	（四）	（五）	合 计
1	493 217	52 073	4 217	4 098	317	493 217
2	956	684	843	21 408	457 201	956
3	532	4 309	508	537	−978	532
4	8 293	8 951	87 125	−5 126	907	8 293
5	914	396 872	627	275	−1 056	914
6	1 065	485	645 791	−8 029	8 314	1 065
7	896 074	2 103	3 098	637	−1 792	896 074
8	748	13 964	532	615 483	753	748
9	803	8 027	6 439	−3 901	5 048	803
10	70 438	675	971	839	−6 952	70 438
11	86 507	513	30 569	−41 507	324	86 507
12	3 862	704 851	198	9 264	−87 043	3 862
13	14 509	627	7 025	−703	39 621	14 509
14	152	209	4 086	973 614	486	152
15	2 471	6 415	201 483	506	590 386	2 471
合 计	1 580 541	1 200 758	993 512	1 567 395	1 005 518	6 347 742
						6 347 724

任务训练

用算盘计算并轧平下表。

序号	（一）	（二）	（三）	（四）	（五）	合计
1	3 157	41 072	3 157	3 098	257	
2	946	683	832	15 308	47 105	
3	421	3 209	408	427	−978	
4	8 192	8 945	87 514	−516	907	
5	953	96 871	617	174	−5 046	

序号	（一）	（二）	（三）	（四）	（五）	合计
6	5 064	384	64 795	−8 019	8 253	
7	8 073	1 502	2 098	627	−5 791	
8	738	52 963	421	54 382	742	
9	802	8 017	6 329	−2 905	4 038	
10	70 328	674	975	829	−6 941	
合计						

项目小结

　　翻打传票算和账表算都是目前中国珠算心算协会珠算和心算比赛五项目之一。账表算来源于会计业务，是一项实用性较强的珠算技术。账表算是在熟练掌握加减法计算技能的基础上学习的，只要具备加减法计算能力就能进行账表算练习了。传票算来源于金融系统的一般业务，由于金融系统装备现代化，使用小键盘数字键录入是目前的发展方向，因此学会使用小键盘数字键录入传票有利于会计人员进行结算业务，因此也是会计人员的基本技能之一。

项目五　应用电子计算工具

认知目标

1. 认识 POS 收款机及其工作原理。
2. 知悉电子计算器的功能及应用。

技能目标

1. 掌握 POS 收银机与收款机的使用方法。
2. 学会电子计算器的使用。

素养目标

1. 具有财经工作基本素质。
2. 具备操作电子计算工具的能力。

任务一　认识超市POS收银机

任务描述

作为一名财会人员，会使用电子计算工具是非常重要的。电子计算工具的种类很多，本项目主要介绍超市 POS 收银机和电子计算器的操作方法。超市 POS 收银机由条形码阅读器和电子收款机组成。

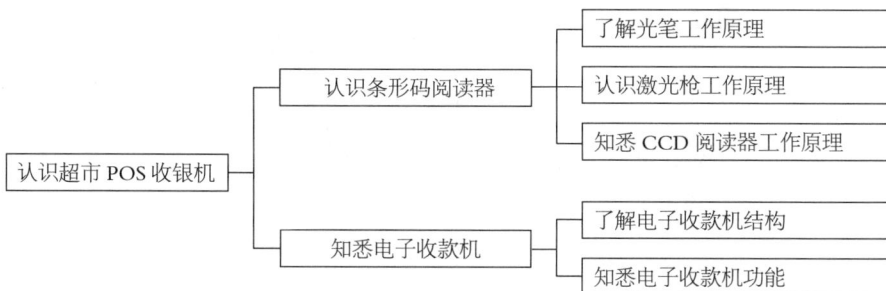
任务分解

```
                           ┌──────────────────┐        ┌─────────────────────┐
                      ┌────│  认识条形码阅读器   │────────│  了解光笔工作原理      │
                      │    └──────────────────┘        ├─────────────────────┤
                      │                                │  认识激光枪工作原理    │
┌─────────────────┐   │                                ├─────────────────────┤
│ 认识超市 POS 收银机 │───┤                                │  知悉 CCD 阅读器工作原理 │
└─────────────────┘   │                                └─────────────────────┘
                      │    ┌──────────────────┐        ┌─────────────────────┐
                      └────│  知悉电子收款机      │────────│  了解电子收款机结构    │
                           └──────────────────┘        ├─────────────────────┤
                                                       │  知悉电子收款机功能    │
                                                       └─────────────────────┘
```

活动一 认识条形码阅读器

知识窗

条形码阅读器

条形码阅读器（又叫"条码阅读器"）是进行商品扫描的机器，是读取条码包含信息所必需的设备。条码阅读器通常有以下几个部分组成：光源、接收装置、光电转换部件、译码电路、计算机接口。下面介绍几种常见的条形码阅读器。

图 5-1

一、LS228 条码阅读器

LS228 条码阅读器是一款经典工业级条码阅读器（如图 5-1 所示）。结实耐用，是目前工业领域最富竞争力的激光扫描枪，具有卓越的解码能力，误码率低，识别效果好，其扫描速度高达 200 次 / 秒。

图 5-2

二、LS2208 条码阅读器

LS2208 条码阅读器是 Symbol 公司出品的一款商用条码扫描枪（如图 5-2 所示）。性能较 LS228 条码阅读器有较大提高，扫描速度更快，重量更轻，触发更灵敏，是目前商业领域最富竞争力的激光条码阅读器。配备支架无须手动扫描，起到立式平台的作用。

三、5S-8250 条码阅读器

5S-8250 条码阅读器是 Argox 公司专门为商业设计的一款手持虹光条码阅读器（如图 5-3 所示）。5S-8250 条码阅读器重量轻、手感好、速度快、价位低，是实现办公自动化、

商业/零售的理想选择，能够准确识读各种二维条码。

图 5-3

图 5-4

四、Zebex Z3051HS 条码阅读器

Zebex Z3051HS 条码阅读器是一款专门为商业设计的带支架式激光条码阅读器（如图 5-4 所示）。Zebex Z3051HS 条码阅读器具有 500 次 / 秒的扫描速度，性能卓越，采用 Z-SC5N 硬件解码技术，最新外形设计，使用便捷，具有醒目的 LED 指示灯和可设定的蜂鸣器，以及灵活多样的通信接口。

一、了解光笔工作原理

光笔是最先出现的一种手持接触式条码阅读器，也是最为经济的一种条码阅读器。使用时，操作者需将光笔接触条码表面，通过光笔的镜头发出一个很小的光点，当这个光点从左到右扫过条码时，在"空"的部分，光线被反射，"条"的部分，光线将被吸收，因此在光笔内部产生一个变化的电压，这个电压通过放大、整形后用于译码。

光笔的优点主要是：与条码接触阅读，能够明确哪一个是被阅读的条码；阅读条码的长度可以不受限制；与其他阅读器相比成本较低；内部没有移动部件，比较坚固；体积小，重量轻。

但使用光笔也会受到各种限制，如在有一些场合不适合接触阅读条码。另外，只有在比较平坦的表面上阅读指定密度的、打印质量较好的条码时，光笔才能发挥它的作用。而且，操作人员需要经过一定的训练才能使用，如阅读速度、阅读角度及使用的压力不当都会影响它的阅读性能。最后，因为它必须接触阅读，当条码在因保存不当而产生损坏或上面有一层保护膜时，光笔都不能使用。

二、认识激光枪工作原理

激光枪是各种扫描器中价格最昂贵的，但它所能提供的景深最长，因此在长距离扫描中被广泛采用。

激光枪的基本工作原理为：手持式激光阅读器通过一个激光二极管发出一束光线，照射到一个旋转的棱镜或来回摆动的镜子上，反射后的光线穿过阅读窗照射到条码表面，光线经过条或空的反射后返回阅读器，由一个镜子进行采集、聚焦，通过光电转换器转换成电信号，该信号将通过扫描器或终端上的译码软件进行译码。

激光阅读器可以很杰出地用于非接触扫描，分为手持与固定两种形式。激光枪容易使用，阅读条码密度范围广，并可以阅读不规则的条码表面或透过玻璃阅读，因为是非接触阅读，因此不会损坏条码标签。

但激光枪的两个最大的缺点是不耐用和价格高。因为激光枪的结构采用了移动部件和镜子，所以它们不如 CCD 和光笔坚固。在实际使用中，无论操作者在使用的时候多么小心，阅读器都难免会掉在地上，即使它内部的部件没有损坏，也容易因激光偏移而降低性能或完全不可用。另外，无论是从产品的造价还是使用寿命来讲，激光枪的成本是最高的。

三、知悉CCD阅读器工作原理

CCD 为电子耦合器件（charg couple device），比较适合近距离和接触阅读，它的价格没有激光阅读器贵，而且内部没有移动部件，因此比较耐用。

CCD 阅读器使用一个或多个 LED，发出的光线能够覆盖整个条码，条码的图像被传到一排光探测器上，被每个单独的光电二极管采样，由邻近的探测器的探测结果为"黑"或"白"区分每一个条或空，从而确定条码的字符。换言之，CCD 阅读器注意的不是阅读每一个"条"或"空"，而是条码的整个部分，并转换成可以译码的电信号。

与其他阅读器相比，CCD 阅读器有很多优点。它的价格没有激光阅读器昂贵，同样有阅读条码的密度广泛、容易使用、所需培训量小的优点。它的重量比激光阅读器轻，但比激光阅读器坚固，而且不像光笔一样只能接触阅读，新型的 CCD 的阅读景深已经能够满足零售、金融和制造业的使用要求。

CCD 阅读器的局限在于它的阅读景深和阅读宽度，除上面提到的应用领域外，在一些需要远距离阅读的场合，如仓库领域，则不是很适合。在所要阅读的条码比较宽时，CCD也不是很好的选择，信息很长或密度很低的条码很容易超出扫描头的阅读范围，导致条码不可读。

条形码阅读器的注意事项：阅读器的光学表面不能碰撞、擦毛、覆盖保护物件等；注意连线不能断裂；保持机器的清洁卫生。

活动二　知悉电子收款机

电子收款机又叫收银机，是超市、工厂等单位常见的电子收款设备。首先我们来认识一下电子收款机。（如图 5-5 所示）

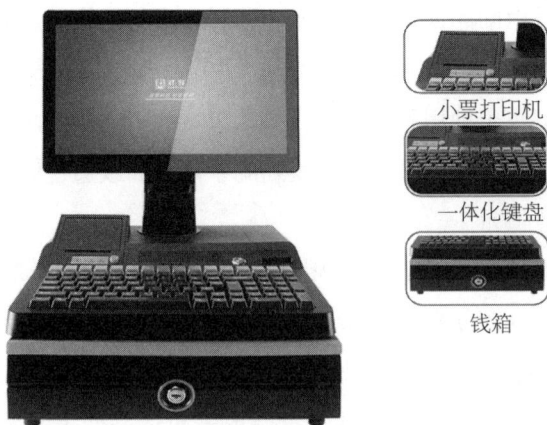

小票打印机

一体化键盘

钱箱

图 5-5

一、了解电子收款机结构

（一）电子收款机结构

电子收款机一般由五个部分组成，分别是收款机键盘、顾客显示器、微型票据打印机、PC 主机与显示器及收银钱箱。

（二）电子收款机功能

1. 收款机键盘

（1）收款机基本键：数字键（0～9 数字）、运算键、促销控制键（折扣）、付款方式键（现金、支票、外币、信用卡、礼券等）、取消 / 更正键、交易结束键（小计、合计）等。

（2）收款机功能键：部门分类键、锁定密码键、税率计算键、币值交换键、小票打印键、自由设定键等。

一般键盘约有 35 个键，键盘的右上角有一个钥匙插孔，通常分为 0～3 档，每档有不同的设置，例如：0 档，关闭状态档；1 档，收银员档；2 档，操作员 / 收银主管档；3 档，电脑部档。

2. 顾客显示器

顾客显示器是面向顾客显示交易的商品品名、价格、总额等信息的仪器。一般可以旋转，通常顾客显示器最多可显示两排字符，显示英文、汉字和汉语拼音，处于收款状态显示字体颜色通常有绿色、红色、黄色等，但商品录入之前，顾客显示器没有任何显示。录入商品之后，顾客显示器应该显示商品数量及单价。在按"总计"键以后，顾客显示器上显示商品总价。在输入顾客所付现金并按"现金"以后，顾客显示器显示找零金额。在关闭状态，顾客显示器上显示"欢迎光临"。

3. 微型票据打印机

微型票据打印机是用于打印交易文字票据的机器，通常每台主机配置两台打印机，同时自动打印票据，一份留底，一份给顾客，或者一台打印机打印一式两份的票据。打印机打印的票据内容通常有店名、时间、交易号、收银机号码、商品品名、数量、单价、总价、商品编码或商品条码，以及收款金额、找零金额等。将销售清单固定在打印机送纸器上，按"进纸"键，打印机自动进纸，在等打印机停止进纸后，连击"进纸"键几次，将纸上好。

4. PC 主机与显示器

PC 主机包括 CPU、内存、硬盘、软盘驱动器、记忆卡、显示卡和网卡，PC 主机与显示器连接使用。

5. 收银钱箱

收银钱箱是与收款机相连、用来存放现金的扁形金属柜，有电子锁，开关有收款键控制。柜中有若干小格和夹子。

6. 收银键盘功能

查询键：查询商品的价格。

磅秤键：对商品进行称重时使用。

回车键：用来确认各类操作。

数量键：收银员直接录入商品条码时，收款机默认的数量为"1"，当录入的商品数量多于"1"的时候，要在录入商品条码之前敲入商品数量，然后按"数量"键，再录入商品条码或货号。

重复上次键："重复上次"键用来重复上一次的销售。例如：收银员录入 5 个"可口可乐"，此时按"重复上次"键，收款机将再增加 5 个可口可乐（"重复上次"键只能在销售过程中使用，并且重复上一次的操作）。

小计键：使用"小计"键可以在顾客显示器上显示已经录入收款机的商品价值总计。

取消键："取消"键取消一次操作，如取消商品总计等功能键。取消商品，即在收款过程中，收银员如果取消某一个已经录入的商品时，按"取消商品"键（收款机提示：请选择取消的商品或按取消键），再用"向上一行""向下一行""向上翻页""向下翻页"四个键，选择所要取消的商品，并按"取消商品"键，收款机提示"是否要取消商品（Y/N）"，确定取消此商品时按"回车"确认键，反之按"取消"键。

清除键："清除"键主要清除输入错误，前提是在按"回车"确认键之前。如收银员把"39"错输为"29"，在按"回车"确认键之前，按"清除"键可以把"29"清除掉。

总计键：此键只在结账时使用。

向上翻页键：这个键用来切换选项。

向下翻页键：这个键用来切换选项。

向上一行键：这个键用来切换选项。

向下一行键：这个键用来切换选项。

现金键：如果用现金方式付款，应先输入顾客所付现金金额，再按"现金"键。

礼券键：用礼券支付，直接按礼券键，不需要输入应付现金金额。

支票键：用支票支付，直接按支票键，不需要输入应付现金金额。

银行卡／信用卡键：用银行卡／信用卡支付，直接按银行卡／信用卡键，不需要输入应付现金金额。

上岗键：上岗时使用的键。

二、知悉电子收款机功能

电子收款机的功能为接受条形码阅读器输入的条形码，根据条形码在收款机内存中的商品数据库找到该商品的相关内容，如品名、单价等，并计算本次销售的实际总额。

（1）完成收款、找零等工作，收银钱箱打开收入货款，打印一式两份的销售小票。

（2）处理事先已设置的各种促销功能：折扣、折让、改错、取消、支票、退还货等功能。

（3）将销售情报通过网络传递到后台电脑中心主机，并自动进行库存的处理。

（4）打印收银的功能报表。

随着信息技术的发展，电子收款机也在不断改进，电子收款机发展分为一代、二代、三代、四代等类型，其区别在于功能不同，价格相差很大。

一代电子收款机软件固化，只有收付款功能，不具备联网通信能力；二代电子收款机软件固化，可连接多种外设，可单机也可联网；三代 POS 电子收款机具有开放系统，可应用于多种平台、软件实现财务和报表分析功能，可连接多种外设，还可使用 IC 卡、银行卡授权终端，连接 MODEM，可单机或联网。

第三代 POS 电子收款机由下列部件组成：主机、键盘、显示器、微型打印机、钱箱、顾客显示屏、条码阅读器、刷卡槽等。前三项相当于一台电脑，后五项是周边设备；电脑是 POS 电子收款机的心脏，它决定 POS 电子收款机的质量稳定性，而周边设备都有独立性，可以任意选择普通型或豪华型，其价格相差很大。

第四代 POS 电子收款机是智能化的电子称重一体收款机。一般有自动称重收银功能、商品管理、库存管理、二维扫描、多维支付、多台联机、云数据、会员管理、自编码、财务报表、进销存、多重备份、外卖对接、手机管理、员工对接等功能，可以服务于超市、便利店、商场、药店、服装店、水果店等。（如图 5-6 所示）

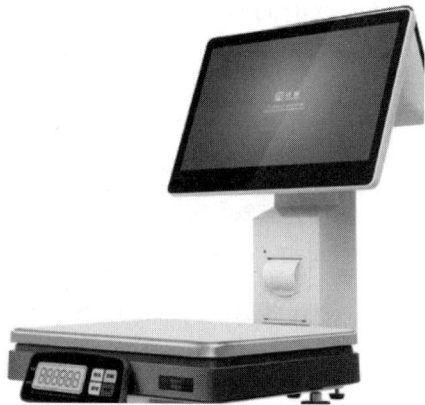

图 5-6

任务训练

1. 简述超市 POS 收银机的组成。
2. 简述条形码阅读器的基本工作原理。
3. 简述电子收款机的组成及键盘基本功能。

任务二　掌握电子计算器操作方法

任务描述

财会人员的工作经常要和数字打交道，常常要使用计算器进行计算。电子计算器是当代一种先进的计算工具，一般可用来进行加、减、乘、除、幂及函数等计算。计算器包括标准型和科学型两种。标准型计算器按键大而清晰，易于手指操作，能够基本满足计算需要，科学型计算器具备更多的函数运算功能，按键较多，本书重点介绍标准型计算器。

任务分解

```
                                    ┌─ 了解计算器类型
                    ┌─ 认识电子计算器 ─┤
                    │                └─ 知悉标准型计算器按键功能
掌握电子计算器操作方法 ─┤
                    │                      ┌─ 熟练标准型计算器操作
                    └─ 掌握标准型电子计算器操作 ─┤ 了解科学型计算器功能
                                           └─ 知悉电子计算器保养维护
```

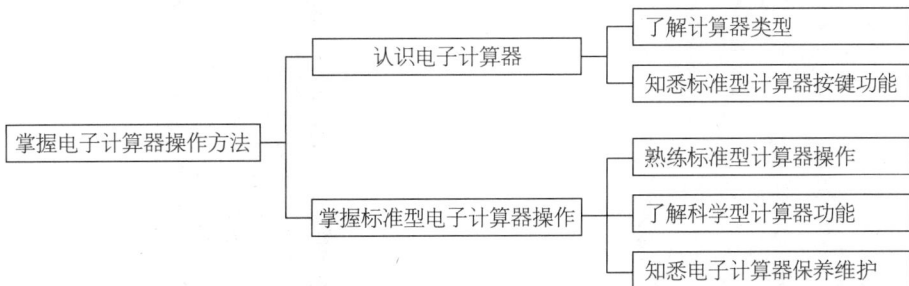

活动一　认识电子计算器

一、了解计算器类型

说起计算器，值得我们骄傲的是最早的计算工具诞生在中国。中国古代最早采用的一种计算工具叫筹策，又被叫作算筹。各种算筹多用竹子制成，也有用木头、兽骨充当材料的。二百七十枚一束，放在布袋里可随身携带。

直到今天仍在使用的珠算盘（又叫"算盘"），是中国古代计算工具领域中的另一项发明，明代时的珠算盘已经与现代的珠算盘几乎相同。

17世纪初，西方国家的计算工具有了较大的发展，英国数学家纳皮尔发明了"纳皮尔算筹"，英国牧师奥却德发明了圆柱形对数计算尺，这种计算尺不仅能做加减乘除、乘方、开方运算，甚至可以计算三角函数、指数函数和对数函数，这些计算工具不仅带动了计算器的发展，也为现代计算器发展奠定了良好的基础，成为现代社会应用广泛的计算工具。

1642年，年仅19岁的法国科学家帕斯卡引用算盘的原理，发明了第一部机械式计算器，在他的计算器中有一些互相连锁的齿轮，一个转过十位的齿轮会使另一个齿轮转过一位，人们可以像拨电话号码盘那样，把数字拨进去，计算结果就会出现在另一个窗口中，但是只能做加减计算。1694年，莱布尼兹在德国将其改进成可以进行乘除的计算器。此后，一直到1950年代末才有电子计算器的出现。

电子计算器在我国的经济计算工作中已得到广泛的应用。因此，有必要对它的功能和操作方法做一个简单的介绍。

电子计算器一般有标准型(如图5-7所示)和科学型(如图5-8所示)两种。从外形来分，有台式、便携式和超小型等；从用途来分，有一般型、函数型、程序型、钟表型和专用型等；从数字显示的方式来分，有荧光显示和液晶显示等。

图 5-7

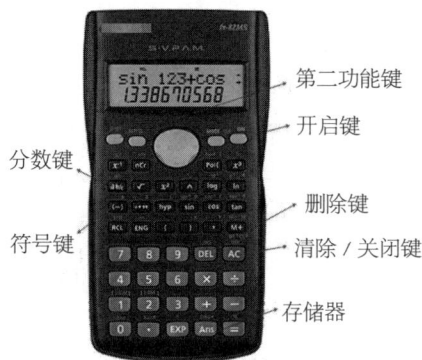

图 5-8

电子计算器的种类繁多，但它们的基本功能和操作方法却相同。不过，不同型号的计算器其各键的功能不尽相同，使用时一定要参看所用的计算器的说明书。否则，可能出现差错。

二、知悉标准型计算器按键功能

(一) 电源开关键

ON/AC 即上电 / 全清键，按下该键表示上电或清除现有数据重新输入。

OFF 是切断电源键。计算完毕后，按此键关闭电源，此时显示装置为空白。当然也有的计算器可设置电源自动关闭功能，即设置为几分钟后自动关闭。

（二）输入键

数字输入键 0, 1, 2, 3…9 这十个键用来输入数据，输入的顺序是从高位到低位，按一次，输入一位数。

小数点键 · 用来输入小数。操作时，未按此键时输入的是整数，按此键后输入的是小数。

快速增零键 00，操作时按一下该键，同时出现 2 个"0"。

（三）运算键

等号键＝用来在两项数字相加、相减或相乘、相除后按此键，可得出计算结果；做乘幂运算时，可连续按此键以得出结果。

加法键＋用来进行基本加法和连加的运算。

减法键－用来进行基本减法和连减的运算。

乘法键 × 用来进行基本乘法和连乘的运算。

除法键 ÷ 用来进行基本除法和连除的运算。

（加、减、乘、除键都可代替等号键）

百分比键％用来进行百分比运算和加成或折扣运算，不必按等号键，即可得出结果。

（四）特定功能键

M+ 是计算结果并加上已经储存的数；用作记忆功能，它可以连续追加，把目前显示的值放在存储器中，中断数字输入。

M- 是计算结果并用已储存的数字减去目前的结果；从存储器内容中减去当前显示值；中断数字输入。

MU 是内存数据显示键。

MR 是调用存储器内容，读取储存的数据，调用 M+ 最后的一次记忆。

MC 是清除储存数据，清除存储器内容，内存数据清除。

MRC 是第一次按下此键将调用存储器内容，第二次按下时清除存储器内容。

CE 是清除输入键，清除全部数据结果和运算符，在数字输入期间按下此键将清除输入寄存器中的值并显示"0"。

C 是清除键，在数字输入期间，第一次按下此键将清除除存储器内容外的所有数值。

GT=Grand Total 意思是总数之和，是用来计算总和的。即你按了等号后得到的数字全部被累计，按 GT 后显示累计数，再按一次清空。按 AC 或 C 键消除 GT 显示标。

√ 是平方根，显示一个输入正数的平方根。

活动二　掌握标准型电子计算器操作

一、熟练标准型计算器操作

在计算前必须先按"ON"开关键，接通电源，然后按运算顺序进行操作。

计算方法和操作顺序举例见表5-1。

表5-1

计算例	操作顺序	显示结果
$100+50-30=$	100 ⊞ 50 ⊟ 30 ⊟	120
$(-10)\times20\div0.5=$	⊟ 10 ⊠ 20 ⊟ 0.5 ⊟	−400
$2^6=$	2 ⊠ ⊟ ⊟ ⊟ ⊟ ⊟	64
$2^{-6}=$	2 ⊟ ⊟ ⊟ ⊟ ⊟ ⊟	0.015 625
$140\times30\%=$	140 ⊠ 30 ⊠ ⊟	52
$30\div20\%=$	30 ⊟ 20 ⊠ ⊟	150
$\sqrt{9}\times5=$	9 √ ⊠ 5 ⊟	15
$\sqrt{7\times8}+\sqrt{9}=$	7 ⊠ 8 ⊟ √ ⊞ 9 √ ⊟	10.483 314
$96\ 857\ 436+4\ 632\ 212=$	$96\ 857\ 436$ ⊞ $4\ 632\ 212$ ⊟	1.014 896 4E（备注）

备注：1.014 896 4E，凡有 E 者，表示容量"溢出"，其中小数点前是几位数就表示整数溢出几位，所得结果的真正整数位数，应是盘面上数的全部位数加上盘面小数点前的位数。本例的位数答案应为整数九位。尾数部分已被截去，无论是否大于5，均按只舍不入处理。

二、了解科学型计算器功能

科学函数型计算器不仅能进行四则运算、存储操作、指数、对数、一般三角函数及反三角函数等运算，而且有统计学指标的专用键，可做求样本标准差、均方差、平均数、平方和、数据项数、求和及求正态分布函数等的运算。

现就与财经计算关系较密切的各键名称及其功能加以说明。

ON/C 键，打开计算器，清除显示镜上的值和计算指令（但存储器中的数据不会被清除）。

2ndF 键（或 shift 键），表明选择了第二功能。若要使用某键上方的函数，则按 2ndF 键，再按相应键。例如√￣键既可做开方运算，又可做平方运算。做平方运算时，需先按键 2ndF，再按√￣键。

M+（M-）正数存储或负数存储键，其功能是进行累加或累减。在执行累减时，需先按 2ndF 键，然后按本键。

EXP 指数送入及指数清除键，用本键可送入某数用 10 的幂表示的指数。如需送入 2×10^5，可在按 2 以后按 EXP 键，再按 5 即可，若指数送错，重按一次即可消除 10 的幂，再送入正确的幂。

$\sqrt{}$（X^2）平方根或平方键，先输入数字，再按本键，可对该数开平方，按 2ndF 键后再按本键，可对输入的数字求平方。

sin（sin-1）、cos（cos-1）、tan（tan-1）三角函数键在求某数的三角函数或反三角函数时使用。运算时送入该数再按所要求的三角函数所对应的键即可。若求反三角函数，需在送入该数后，先按 2ndF 键，再按所对应的三角函数键。

【例 1】计算 5÷（4 + 2）

步骤如下：按 "4" "+" "2" "M +"；

再按 "5" "÷" "MR"

再按 "GT"；

最后按 "MC"。

【例 2】按出 1×2= 显示结果应该为 2；

再计算 2×2= 显示结果应该为 4；

然后按 GT，显示结果就是 6 即 2+4 的结果。

【例 3】计算 350×25-389×66

可以先算 389×66 得出的结果用 M+ 记忆，

然后计算器清零再算 350×25 得出的结果减掉 MR 就是最终结果。

三、知悉电子计算器保养维护

电子计算器的外壳是塑料制成的，内部是大规模集成电路，所以不应受到重的敲、压或震动。使用完毕后应放在阴凉干燥处。如较长时间不用时，应取出电池，以免电池老化出水而腐蚀计算器的内部结构。当电池快用完时（显示屏的显示变得暗淡），应及时更换新的电池。在更换电池时，必须将两个电池同时更换。计算器不要放在温度忽高忽低，或者温度高、湿度大和灰尘多的地方，特别要注意防止金属粉末侵入机体。按键时不要太猛或久按不离手，以防按键损坏或输入的数据发生错误。对计算器除尘时，宜用柔软的干布擦，不能用溶液洗或湿布擦。

任务训练

1. 简述标准型电子计算器的特定功能键及其功能。
2. 简述科学型计算器的功能。

项目小结

本项目中我们对超市 POS 收银机与电子收款机从其组成、工作原理、功能、使用方法、常见故障排除及如何选购等方面做了阐述。让大家学会如何使用超市 POS 收银机与电子收款机，另外我们还对一些电子计算器基本功能键的使用进行了介绍，让大家学会使用电子计算器的常用功能。